JN223105

Daisuke Ohno
大野大輔
組織開発コンサルタント
研修デザイナー

教育開発研究所

はじめに
～大丈夫！ あなたの学校は、変われます。～

あなたは「研修」という言葉を聞いて、どのようなイメージを思い浮かべるでしょうか。

個人を成長させるきっかけをくれる時間？　組織をよりよくするための大切な時間？　それとも、やらなければいけないけれど意義が感じられない形骸化された時間のように感じているでしょうか。

わたしは元教員の学校園専門の組織開発コンサルタント[*1]として、現在年間で200校以上の現場に伴走者として関わっています。そのなかで、伴走先の管理職の先生や研修担当の先生などから次のような質問を受けることがよくあります。

「うちの学校をよりよくするためには、一体どのような研修をすればよいのでしょうか？」

「今からでも、私たちの学校は変わっていくことはできますか？」

そこでわたしは、先生方の目をまっすぐに見てこう言うのです。

「はい、絶対に、大丈夫です！　学校は変わっていけます！」

研修をやっただけで、そんなにすぐに効果がでるわけがない。そう思われますか？

いいえ、そんなことはありません。なにせわたしは、そんな“奇跡”と呼びたくなるような変化を、数えきれないほどこの目で見てきました。

たとえば大阪市立長原小学校では、校長の市場さんが「子どもも大人もいきいきしている学校」にしたいと考えていました。その実

＊1　組織開発にはさまざまな定義がありますが（くわしくは2.3〈本書162頁〉）、わたしは学校における組織開発とは「教職員の関係性を改善し、組織の活性化を図る営み」と考えています。その実現のために、課題の特定や解決策の提案、実行のサポートなどを行っています。

現に向けて、２つの「研修」のリデザインをきっかけに、教育活動の創造・チャレンジが活発になっていきました。その２つとは、①ヴィジョンを共創する研修、②（ヴィジョンの実現に向けた）アクションを考える研修です（くわしくはPart２の55頁を参照）。

研修後に起きた具体的な変化の一例として、たった５ヵ月の間に

・40分授業の実施による放課後時間の創出
・チーム担任制
・子どもが自ら学ぶ「長原タイム」の実施
・毎日17:30に誰もいない職員室

などが実現しました。まさに「研修が変われば、学校が変わる」を実現させたのです。驚くべきポイントは、管理職のトップダウンではなく、全教職員で対話し、さまざまな「推進者」[*2]が進めていった改革のプロセスです。本書を執筆している2025年１月現在も、長原小のリデザインのサイクルは止まりません。

このような変化は、偶然起きた“奇跡”ではなく、ほんのちょっとしたコツを知ることでどんな学校でも実現できる、わたしたちの日常の延長線上に存在するものです。わたしはそのコツを、さまざまな学校と出会い、伴走するなかでつかむことができました。

問い直しと成長のサイクルを生む「研修リデザイン」

その奇跡を起こすコツとは、「研修」の目的を問い直し、手段を再構築する「リデザイン」[*3]のプロセスそのものです。「研修」というものの在り方をほんの少し見つめ直し、真の課題と向き合って

＊2　本書では、学校改革を推進する当事者や、組織をよりよくするために自ら行動する人のことを「推進者」と呼んでいます。

＊3　リデザイン（redesign）とは「再設計する」「再構築する」という意味の言葉です。既存のものを改良したり、新たに設計しなおすことを指します。

いく。すると「研修」は個人の成長のみならず、「組織」を飛躍的に成長させ得る仕組みへと、大きな変化を遂げるでしょう。

「問い直し」は何度も繰り返されます。そして、そのたびに最適な手段を選んでいく。その繰り返しにより、たった一度の変化ではなく、リデザインが繰り返される「サイクル」をうむことができるということがポイントなのです。

一度うまれたリデザインのサイクルは、連鎖的に仲間を増やし、活動の幅を増やし、誰にやらされるでもない主体的な創造と変化の輪が広がっていきます。その様子を見た先生方は、口をそろえて「うちの学校がこんなにも変わるなんて、思いもしませんでした」と言います。そうなると、わたしの出番はもうありません。サイクルがまわり始めた学校は、それぞれの目指す姿に向けて自走を続けていきます。

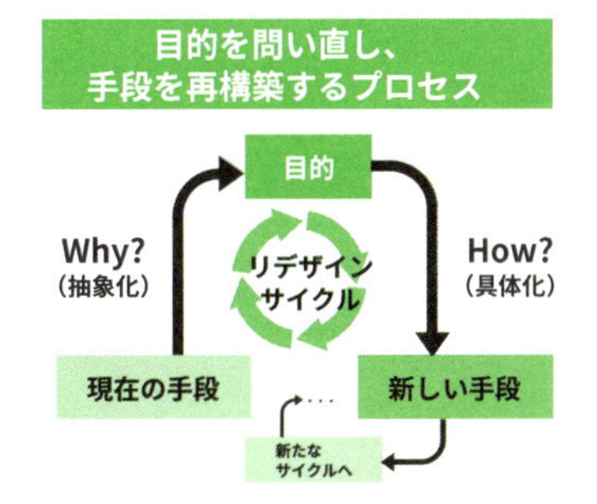

孤独な改革者から、背中を押す伴走者へ

「大野先生だから、できるんですよね？」

そんなことはありません。わたしもかつて教員時代に、「学校をよくしたい！」という思いのあまり暴走し、共に働く仲間をおいてひとりで突っ走ってしまった「孤独な改革者」だったことがあります。

校内の研究や研修を推進する立場のときには、実現させたい未来への思いが強すぎるがゆえに、「もっと教師一人ひとりが成長するべき」「子どもたちに模範的な背中を見せられる大人になるべき」「これからの時代の教育とは、かくあるべき」──そんな「べき」に縛られた思いが暴走し、誰一人ついてきてくれることなく研修が終わっていた時代もあります。

「はあ……今日も研修か」

研修会場に入ってすぐにこんな言葉が聞こえ、逃げるようにそそくさと研修を終わらせた日もありました。

その悔しさから、わたしはたくさんの学校を回りました。そして、どのような仕組みであれば、「今日が楽しく、明日が待たれるワクワクする学校」がつくれるのだろうと考えました。先生たちがワクワクできる学校であれば、間違いなく子どもたちにとってもよい仕組みがつくれるに違いないと思ったからです。

多くの学校の先生方や関係者とのやりとりを繰り返すなかで、本書『研修リデザイン』でご紹介するリデザインの考え方、そして研修を創造する「４つの視点」と「８つの切り口」が見えてきました。これらは、わたしだけでなく、伴走するなかで出会ったみなさんと一緒につくりあげたものです。わたしは、この考え方をもとに、「孤独な改革者」から、「背中を押す伴走者」へと変わっていくことができたのです。

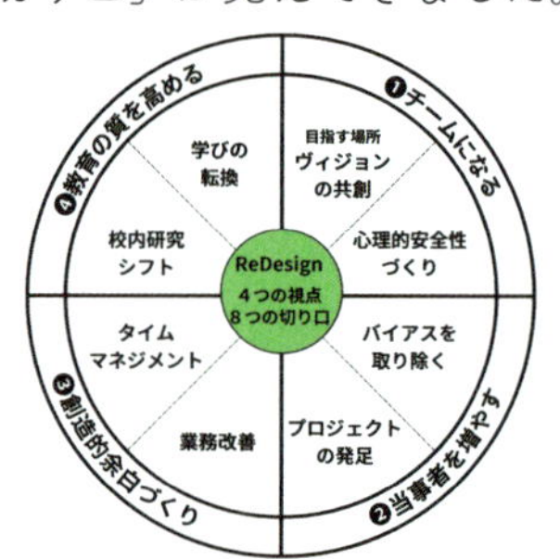

大人にとっても、子どもにとっても、
「今日が楽しく、明日が待たれる学校」にしたい。

この本を通して、あなたの学校の研修がリデザインされ、たどりつきたい未来を実現していく一助となれば幸いです。

本書の読み方

本書は、研修リデザインの考え方とその具体的な事例や手立てを３つの段階（Why　What　How）に沿って、誰にでも取り入れられるよう、たくさんの事例とともにわかりやすくお伝えしていきます。

Part 1「Why」では、「なぜ今、研修リデザインなのか？」において、研修の基本的な性質や機能を探り、研修リデザインの定義を論じます。また、「『見えやすい』は落とし穴」においては、研修を行う前に重要な真因の探り方についてお伝えします。

Part 2「What」では、「研修リデザインの４つの視点、８つの切り口」として12校の事例をもとに、研修リデザインの具体を解説し、あなたの学校における課題を解決するヒントを探っていきます。

Part 3「How」では、「推進者の６つの役割」において、研修実施に向けた推進者の具体的な役割についてお伝えします。さらに「研修リデザインの手順」においては、あなたの学校で生かせる研修の具体的なデザインについて、ワークシートを使いながら解説しています。

本書は、最初から通して読んでいただくのはもちろん、必要感に応じてどこから読み進めても大丈夫なように構成されています。まずは具体的にどのような研修リデザインの例があるのかを知りたい方は、Part 2「What」から読んでいただくのもよいでしょう。

まず理論として研修のリデザインについて学びたいという方は、Part 1「Why」の「なぜ今、研修リデザインなのか？」から読んでいただくのもよいでしょう。

研修づくりが間近に迫っている方は、Part 3「How」を読み、ご自身のリデザインに役立てていただくのもよいでしょう。

学校改革には、唯一万能で、どこにでも通用するHowは存在しません。ぜひ、本書で紹介するWhatやHowを自由に改変し、ご活用ください。本書掲載資料や、今後筆者が作成する資料も、読者の皆さんに提供していきます（くわしくは10頁の「読者特典」をご覧ください）。

それぞれの必要感に応じて読んでいただき、仲間と対話し、研修がリデザインされ、その結果目指すところにたどり着く一助となるよう、本書（わたし）が伴走し、ご案内いたします。

もくじ

研修 WORKSHOP RE DESIGN 修 リデザイン **読者特典**

1. **研修リデザインワークシートプレゼント**
2. **研修資料（本書に記載）プレゼント**
3. **メルマガ配信にて最新情報・資料のお知らせ**
4. **双方向コミュニティへのご招待**

（申し込み方法は本書210頁をご覧ください）

Part 1
「Why」
——研修リデザインとは何か？

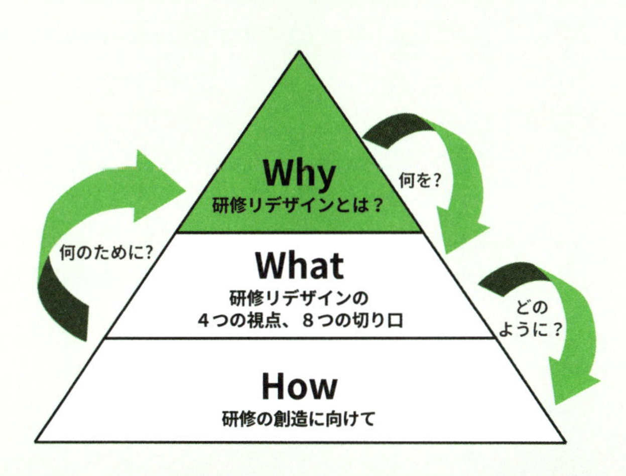

1.1 なぜ今、研修リデザインなのか？

「もともとある学びの場」を生かす

わたしの仕事は、「学校の真の課題を共に発見し、解決策を共創し、自走に向けて伴走すること」だと捉えています。

業務改善の研修講師として。

学校主催の保護者・地域の方との共同研修会の講師として。

授業改善の研修講師として。

コミュニティ・スクールの発足に向けた研修の講師として。

複数校の統合に向けた再構築の研修講師として。

校内研究の年間研修講師として。

学校のグランドデザインを再構築するための研修講師として。

幼保小中連携の合同研修講師として。

これらのような多様なジャンルの講師をするなかで、「研修」というなじみのある、しかし、実態のつかめない言葉に可能性を感じる日々を過ごしてきました。

学校伴走に向けたキックオフの事前ミーティング[*4]では、よくこんな声を聞きます。「うちの学校をよくするために、何をすればよいでしょうか？」これは、わたしが学校園における組織開発のコンサルタントとして、数々の現場に伴走してきたなかで、最も多くいただいた質問です。

---

*4　わたしが学校に伴走する際、①どのような学校を目指しているのか、②それに対してどのような問題があるのか、③それを解決していくためにどのような手立てが考えられるのか、などについて、管理職をはじめ研修担当者などコアな当事者メンバーと事前ミーティングを行っています。研修をどうするのかという「点」の解決策ではなく、どのようなプロセスでよりよい学校にしていくのかという「線」の解決策を共創することに重点を置いています。

実際に、学校教育にはさまざまな教育課題への対応が求められ、多くの学校が疲弊しています。学校によっては、職員間の対立が深刻化し解決が困難な状態で呼ばれる場合もあります。また、保護者の方からのクレームが絶えず、多忙も相まって疲弊している状態で呼ばれることも多くあります。

「どうにかしたい」。そんな思いで管理職を中心とした関係者の方と対話をしていくと、たどり着くのは「研修実施」。これは、どの学校にもなじみのある「もともとある学びの場」です。この「研修」をリデザインすることで、学校改革が可能になるのです。

「思考」と「関係」のコリをほぐす＊5

そのための手掛かりとして、組織における共通の悩ましい“コリ”について触れましょう。学校改革を止めてしまう２つの“コリ”があると考えます。それは「思考」と「関係」のコリです。学校をよくしていこうとする際に、職員間で対立構造になることがあります。そうなってしまう原因を紐解いていくと、必ずと言っていいほど、この「思考」と「関係」のコリにたどり着くのです。

❶思考のコリ

思考のコリとは、当事者に無自覚のうちに形成された思い込みや固定観念（心理学の用語で「アンコンシャス・バイアス」と言います〈以下「バイアス」〉）によって、物事の本質的な捉えや、創造的な発想が阻害されている状態といえます。

思考が凝（こ）ってしまいバイアスを取り除きにくい状態になると、た

＊5 「思考」と「関係」のコリについての考え方は、安斎勇樹・塩瀬隆之『問いのデザイン――創造的対話のファシリテーション』（2020年、学芸出版社）を参考にしています。

とえばその手段が「何のためなのか？」などということを、改めて考えることはしなくなっていきます。バイアスは、さまざまな体験や経験によって形成されるため、仮に同じ経験年数の教員どうしだとしても、それぞれのバイアスによって対立構造になることがあるのです。

たとえば、前例踏襲で進めることが当たり前の学校に勤務してきたA先生と、現状に応じて革新を繰り返す学校に勤務してきたB先生が同僚となったら、「前例踏襲vs新しい手段」などのような対立構造がうまれることも考えられます（**図1-1**）。

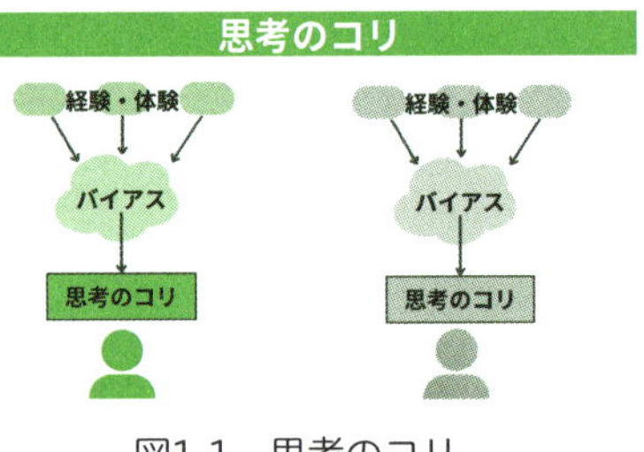

図1-1　思考のコリ

❷関係のコリ

関係のコリとは、当事者どうしの認識に溝があるまま関係が形成されてしまい、相互理解や、創造的な協働が阻害されている状態といえます。

同じ目標を共有するコミュニティであっても、そこにいる一人ひとりの経験や価値観は異なりますから、認識には溝があって当然です。「わかりあえない」を出発点に対話ができればよいのですが、学校の現状としてそのような時間が十分に確保できないことが多いのではないでしょうか。その結果、自分と価値観の異なる他者に対して、「嫌い」という感情になることがあります。同質性の高い者どうしだけでの関わりにとどまることによって関係のコリがうまれ、対立につながっていくのです（**図1-2**）。

関係のコリは、思考のコリとも複雑に絡み合っています。同質性の高い関係性のなかでは、多様な考えに触れる機会がなくなり、思考のコリができやすくなります。

思考のコリや関係のコリがうまれることをシステム思考[*6]の観点で捉えれば、「誰も悪くない」のです。悪いのは、そのようなコリをうんでしまう多忙を含めた環境や仕組みです。一度凝ってしまった思考や関係をほぐすことは容易ではありません。研修のような場における他者や自己との対話とリフレクションを通して、コリをほぐしていくことが重要です。

思考のコリも、関係のコリも、それ自体悪いことではありません。ただ、組織開発を進めていくうえで、現状、阻害因子になっているのも事実ではないでしょうか。そして厄介なのが、その2つのコリは「待っていれば自然とほぐれるものではない」ということです。それどころか、放置していると、よりコリが増してしまうことさえあります。だからこそ、研修という場をリデザインし、思考と関係のコリをほぐしていく必要があるのです。

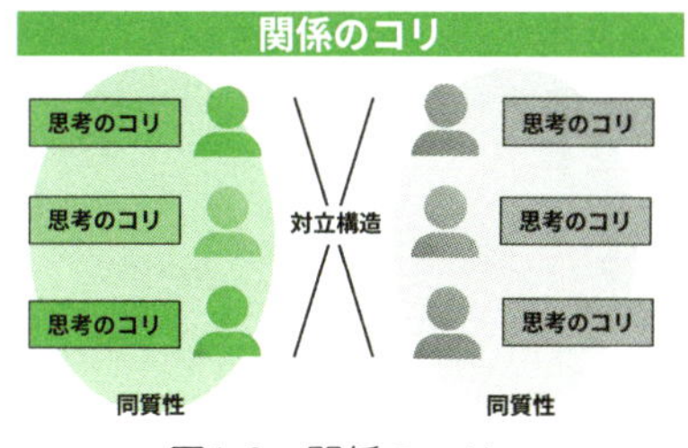

図1-2　関係のコリ

組織開発につながる研修のリデザイン

凝ってしまった「思考」と「関係」は、変化が求められる現場において、「変わりたくても変われない」という問題を生み出します。そして、凝ったままの組織は、本当に解決すべき問題の本質を見失うことがあり、いつしか環境や仕組みではなく、「だれか」の責任にしてしまい大きな溝をうむことさえあります。だからこそ、研修が鍵になるのです。

＊6　システム思考とは、物事を「部分」ではなく「全体のつながり」として見る考え方です。それぞれがどのように影響し合っているのか、全体の関係性として捉え、問題解決をめざします。

組織開発コンサルタントの勅使川原真衣氏の言葉を借りるとしたら、「誰かの問題は、組織の問題」なのです（勅使川原真衣『職場で傷つく～リーダーのための「傷つき」から始める組織開発』2024年、大和書房)。「今回はだれが悪い？」と犯人捜しをするのではなく、「どの仕組みが悪い？」という論点なのです（図1-3)。

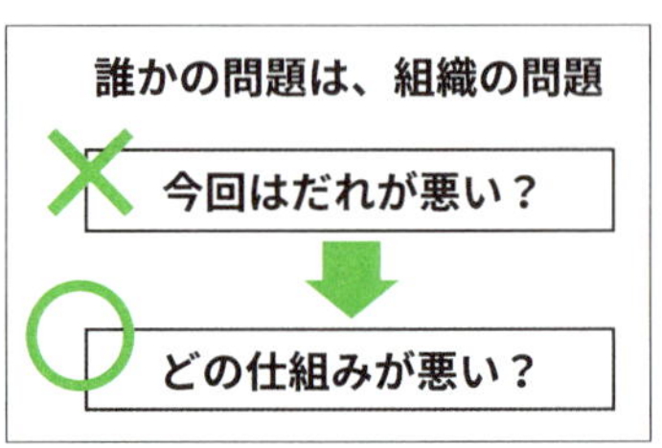

図1-3　誰かの問題は、組織の問題

わたしが現場の先生方に伴走し実施してきた「研修」は、日常のなかで形成された思考のコリをほぐし、新たな関係を構築するための「サイクル」をうみ出してきました。研修をきっかけに思考のコリがほぐれ、本質的な解決策を見出し、当事者によるアクションがうまれる。そのアクションが広がり、うまれた創造的余白[*7]で豊かに学び合うなかで、関係のコリがほぐれる。この「有機的な協働」は、質の高い教育をうみ、組織開発につながる。それが結果として、子どもたちに届いていくはずです。

このような仕事を通してわたしは、あらゆる領域において、課題に対する「解決策」を急いで提案することよりも、問題の本質を捉え、現状を打破するための研修をリデザインし、組織に「サイクル」をうんでいくことこそが求められていると確信するようになりました。

研修は、人材開発や組織開発の手段として100年を超える歴史があり、世界中で発展してきましたが、とりわけ学校現場において、今こそ研修の「リデザイン」が求められていると感じます。単なる

＊7　創造的余白とは、新しいアイデアや価値を生み出すために意図的に残された空間やゆとりのことです。詰め込みすぎないことで余裕が生まれ、想像力や創造性を引き出す可能性が広がります。

「教える」を中心とした講義型で実施され、参加者への伝達に終始して変容の起きない研修、あるいは、単なる「楽しむ」を中心としたワークショップ型で終わってしまい、課題解決の実感が得られないままのケースも散見します。

しかしながら、これまでの学校教育における研修関連書籍では、「組織開発につながる研修のリデザイン」について多くは語られてきませんでした。各校の現状は多様であり、「こうすればうまくいく」というノウハウが示しにくく、理論の体系化が困難なためです。どの学校にとっても万能な解決策を提示できないことは、本書も同じです。けれども、これまでの学校伴走の経験に基づいて、「各校における課題に応じた解決策になりうる切り口の発見と、改善のサイクルをうむきっかけ」に貢献することはできるはずです。

1.2 学校における研修とは

学校における研修の定義

研修リデザインの具体や方法（What）を知る前に、そもそも「学校における研修とは何か？」という素朴な問いに向き合う必要があります。曖昧な言葉の輪郭をつかもうとする段階が、方法論ではなく本質論としてのリデザインに誘（いざな）うと考えるためです。18頁以降、実際のエピソードを交えて具体的にお伝えしますが、その前に大切な考え方を押さえていきます。頭をひねってみる前に、まずはそもそもの「研修」の定義を参照してみましょう。

辞書には、「その方面に必要な知識・技能を確実に身に着けるため、特別な勉強や実習をすること」（『新明解国語辞典　第八版　青版』三省堂）とあります。その他の辞書であげられているキーワードを見てみると、みがく、高める、習得する、向上など、前進、成長するといった「自己革新」という言葉にまとめられそうです。

学校教育における研修の法的な扱いを見てみると、教育基本法9条で教員は「絶えず研究と修養に励み、その職責の遂行に努めなければならない」、また教育公務員特例法21条で「教育公務員は、その職責を遂行するために、絶えず研究と修養に努めなければならない」と規定されています。

また、インターネット等で「学校における研修」と検索すれば、実に多様な分野の研修があります。校内研修、マネジメント研修、リーダーシップ研修、スキルアップ研修、初任者研修、中堅教諭等資質向上研修、管理職研修、ハラスメント防止研修、専門性向上研修といったように、さまざまな実績が蓄積されてきた経緯があります。

だからこそ、「研修」という言葉から思い浮かべる場面や捉えも、実にさまざまです。任意で集い、意欲の高い集団で実施される研修もあれば、問題が発覚し必要に迫られて行う研修もあります。また、講義型のインプット中心の研修もあれば、ワークショップ型のアウトプット中心の研修もあるでしょう。さらには、教職員の声から自発的にうまれ、実施される研修もあるはずです。

辞書の定義文からもわかるように、研修には「自己革新」が見込まれることが想定されています。すべてに共通して「必要だから、行われる」「自己革新が求められている」といえます。

研修には6つの基本性質がある

研修の基本性質としてイメージしやすいのは「育てる」ではないでしょうか。「若手を育てる」や、「中堅としてリーダーシップを発揮するために育てる」など、人材開発の視点が最も共有されているイメージだと思います。「足りないことを補うために学ぶ」こともちろん大切ですし、そのような研修が必要なことはいうまでもありません。

ただ、わたしはさまざまな学校現場で伴走者として関わるなかで、「研修には、多様な可能性がある」ということに気づくことができました。つまり、学校のヴィジョンや実態に応じて、研修を自由にリデザインしていいのです。

たとえば、職員間の関係性をより強く、深いものにするための研修であったり、日々の教育活動を見直し、よりよく改善するための研修であったり、学校として掲げるヴィジョンをみんなでつくりなおすための研修であったりと、実に多様な姿を見せてくれました。

ある学校では、「大人がおもいっきり遊び、探究をしてみる！」という研修を年間を通して行っています。この研修をすることで、子どもたちの探究に伴走できるようになったと振り返っていました。この例が正解かどうかではなく、「学校として何を目指すのか？」に対して、研修をリデザインしていいということです。

本書で扱う研修という概念では、【つくる】【つなぐ】【育てる】【動かす】【見直す】【整える】という６つの基本性質を提案します（図1-4）。これは、多くの学校のさまざまな工夫を集約したものです。

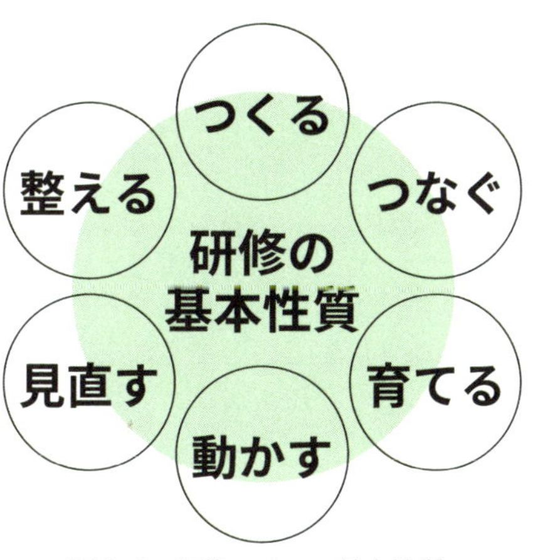

図１-４　研修の６つの基本性質

【つくる】とは、主として組織として共通して目指すものや、活用するものをつくることなどが想定できます。たとえば、「学校として目指すヴィジョンを再構築する対話の場としての研修」「この学校として目指す授業の在り方をつくるための研修」など、ないものをつくり出したり、あるものを再構築したりする場としての研修です。

【つなぐ】とは、主として関係構築の場が想定できます。教職員は毎年少なからず異動などにより入れ替わりがあることから、関係を構築する場が必要だと考える学校も多いです。組織として動くには、まず関係の質を高めることが効果的であり、よりよい教育を行っていくうえで良好な関係を構築するための対話の場としての研修です。

【育てる】とは、主として人材開発の視点で教職員のよさを最大化したり、課題を改善したりすることなどが想定できます。「若手教員の授業改善」「各教職員の強みやノウハウを共有する場」「学習指導要領改訂についてみんなで学ぶ場」など、一人ひとりが成長する場としての研修です。

【動かす】とは、主として学校経営方針に基づき、改革をみんなで進めることなどが想定できます。たとえば「コミュニティ・スクールを充実させるための研修」「業務改善をみんなで進めて創造的余白をうむための場」など、研修を核としながら学校改革を進めるための対話の場としての研修です。

【見直す】とは、主として在り方を問い直し、改善したり再構築したりすることなどが想定できます。たとえば「学校行事を子ども主体に改善する」「校内研究を見直し、よりよい在り方に改善する」など、立ち止まることで今の在り方を問い直し、手段を再構築するために設定する研修です。

【整える】とは、主として環境改善の場が想定できます。たとえば「教職員が働きやすい職員室環境を整える方法を知り、実行する」

「一人ひとりの働き方を見直すことで、働きやすく働きがいのある職場にする」など、パフォーマンスを最大化するために振り返り、環境を整えるために学ぶ場としての研修です。

研修の基本性質６つを述べてきましたが、これらは複数が重なり合うことがほとんどです。

たとえば福島県福島市立福島第四小学校では、校長の石幡さんと教頭の高橋さんが、学校経営方針として「業務改善と授業改善を一体的に進めたい！」と考えていました。これは、基本性質の【動かす】にあたります。実際に、2023年11月10日の午後に行った「60分間の研修」で、学校が大きく動き出しました。共創的な対話のなかで、アイデアが溢れたのです。

そして驚くことに、研修後すぐにプロジェクトチームが立ち上がりました。推進チーム「サクッと変革プロジェクト」こと「サク変」で、リーダーである大内さんと大塚さんがみんなで出したアイデアを分類整理し、その他のメンバーに共有したところ、全員がどこかのプロジェクトチーム（PT）に入り、みんなで推進していくことになったのです。このプロジェクトを通して関係性が再構築される点では、研修の基本性質である【つなぐ】にあたります。

この後、「日課表見直しPT」「チーム担任制PT」など、複数のプロジェクトが動き出し、そこからたったの４ヵ月間で、大改革を起こすことができたのです。下校時間は15:45から14:55に変わり、教科担任制が始まり、諸帳簿が大きく見直されました。これだけにとどまらず、大きな改革が次々に起きました。これは、【見直す】にあたります。そして、うまれた時間で「子どもが主語の学びを充実させよう！」と、学びの変革も動いていきました。このように、組織を動かすことを通して人材開発にもなる点は、【育てる】にあたります。

保護者や地域の方との対話や共有も充実し、今もなお改革のサイクルが止まりません。2024年度には、福島市のモデル校として、市内の学校やほかの自治体へ価値を広げることになったのです。

このエピソードからも、研修の基本性質である【動かす】から始まり、【つなぐ】【見直す】【育てる】と波及していったことがわかります。このように、基本性質は複数が重なり合っていくという視点が重要です。

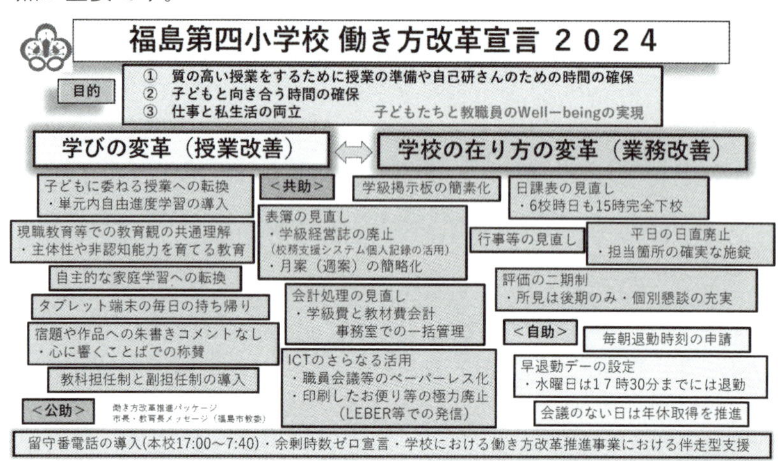

また、上記に限らず、研修には多様な基本性質があります。学校内の研修には、「～をするべき」という強制はほとんどありません。「学校として何を目指すのか？」に対して、学校の実態に応じて研修をリデザインしていくことをおすすめします。

学校における人材開発と組織開発

「開発」という言葉を辞書で引くと「潜在的に備わっている可能性がある能力などをうまく引き出すこと」とあります（『新明解国語辞典　第八版　青版』三省堂）。つまり、人材開発とは組織が求める人材像へ近づけるのではなく、よさを最大化することと捉えられ、学校における人材開発とは、「教職員一人ひとりがもつよさや強みを引き出し、最大化する営み」と考えられます。

図1-5　人材開発の３つの柱

学校における人材開発の３つの柱として自己啓発、OJT、OFF-JTに大きく分けられます（**図1-5**）。

自己啓発とは、その名のとおり自発的な研鑽を指すものです。読書のような手軽なものから資格取得・セミナーへの参加、大学院への通学など、さまざまなものがあります。自己啓発は自発的であるがゆえに、個々人のモチベーションにより個人差が出ます。そのため、自己啓発を自発的に行えるような環境づくりに注力しつつも、OJTやOFF-JTも充実させていくことが重要です。

OJTとは、On the Job Trainingの略称で、実務を通して知識やスキルを身につけてもらう方法として多くの学校で行われています。学校におけるOJTは、メンター制度や、学年団や教科団などのなかで行われることが多いと思います。ただ、指導する先輩や構成メンバーによっては、充実度合いに差が生じたり、お互いストレスになったりする可能性があります。

OFF-JTとは、Off the Job Trainingの略称で、いわゆる「集合研修」です。現場で、もしくは実務の現場を離れ、特別な時間や場所で行うのが特徴です。各校ではこれが一般的に研修として扱われていることが多いです。

これら自己啓発、OJT、OFF-JTの３つを総合的に環境整備していくことで、教職員一人ひとりがもつよさや強みを引き出し、最大化していくことが期待されます。とりわけ、OFF-JTの集合研修を核としたリデザインを図ることで、３つが相互に関連し合い、人材開発の視点での、自己革新の促進が可能になります。

学校における組織開発とは、「教職員の関係性を改善し、組織の活性化を図る営み」と考えています。関係のコリをほぐすためには、有機的な協働のなかで、見えにくい部分を開示しながら対話するプロセスが必要です。その結果として組織のパフォーマンスが高まり、学校経営方針の実現を目指していくという基本性質があります。

人材開発と組織開発とでは対象が異なりますが、組織のパフォーマンスは組織や職場と人材が相互に関係しながら発揮されるものであることから、両者を切り離して考えることはできません。むしろ、相互補完的な関係があります。人材開発には組織の関係性の改善が必要ですし、組織開発には一人ひとりの自己革新が必要だからです。

学校における研修の６つの機能

【つくる】【つなぐ】【育てる】【動かす】【見直す】【整える】という研修の６つの基本性質が研修の種類を示す枠だとすると、その６つを横に貫く６つの機能があると考えます（図1-6）。機能とは役割

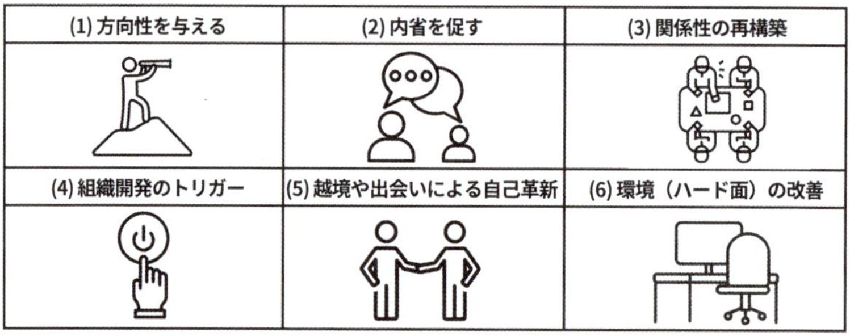

(1) 方向性を与える	(2) 内省を促す	(3) 関係性の再構築
(4) 組織開発のトリガー	(5) 越境や出会いによる自己革新	(6) 環境（ハード面）の改善

図1-6　研修の６つの機能

ともいえます。以下に示す６つの機能は相互に関連し合って全体を構成しているため、別々に機能するものではありませんが、ここではわかりやすくするためにあえて６つに分け、具体的な事例を交えながら説明することで、より研修の可能性を探れるようにします。

研修の機能（1）

【研修は、組織に目指す方向性を与えチームをつくる】

学校の課題にマッチしたインパクトのある研修を設定することで、組織の目指す方向性を与えてくれます。

東京都板橋区立志村小学校では、管理職や研究主任が「単元内自由進度学習のような子どもが主語の授業」を推進していきたいと考え、全職員へ伝えました。管理職や研究主任が示したことは、2017年に告示された学習指導要領の具現化のひとつといえる間違いないものでした。しかし、教職員には、経験もない、見たこともない授業の提案にとまどう様子もありました。これはどこの現場でも当然の反応で、示した側も、とまどう側も誰も悪くありません。

そこで、「研修」に踏み切りました。わたしは校長の佐久間さんや研究主任の松田さんとの事前ミーティングを通して、「不安の払拭とイメージの共有」こそが鍵だと捉え、「宝さがし研修」という名前で研修を実施することにしました。研修当日の午前中に行われた粟飯原さんの３年生の国語授業、松田さん、井上さん、本橋さんの４年生の算数授業を動画で撮り、午後の１時間でその動画を活用した研修を全教員で実施しました。

大まかな研修の流れは、①午前中に撮影した授業動画を見ながら「何がよかったのか」を中心に講師による価値づけ、②各教員の経験から「子どもが主語の授業実践（宝）」を探す対話、③その経験の価値を抽象化し共有する対話、④今後の授業実践のなかで試していくための共同教材研究タイムというものでした。①②③で不安を払拭しイメージをもてるようにしたことで、「これなら、できるかもしれない」と教職員の自己効力感が高まる様子が見られました。さらに、④で実践に生かす時間を設定したことで、研修後に各教員一人ひとりが単元内自由進度学習に挑戦する一歩を踏み出すことができました。

この日から、実践がどんどん起こり始めます。その方向性が指針となり、同じヴィジョンを目指すチームをつくり、チャレンジしやすい心地よい風土の醸成にもつながりました。この学校では、次年度もムーブメントが止まることなく、校内研究のメインテーマとして探究し続けていました。

当時の研究主任である松田さんは次のように振り返りました。「単元内自由進度学習を研究するうえで壁となるものが2つありました。まず"何から始めたらよいのかわからない"ということ。次に"自分のキャリアで築いてきた指導法を変えなければいけないのかという疑問や不安"です。授業で児童に学習の見通しをもたせることが大切なように、先生方に新しい指導法や研修に取り組んでいただくときには、壁を越えられる方法の見通しが必要となるからです。そこで、これまでの研修の在り方をリデザインすることで、安心感がうまれ、アクションが起きていきました。」

これは、研修の基本性質でいう【つなぐ】を切り口に、組織に目指す方向性を与え、チームをつくった事例といえます。

研修の機能(2)

【研修は、思考を刺激し、対話を誘発することで、個人の内省を促す】

研修はある意味「立ち止まりの場」といえます。その豊かな立ち止まりのなかで、思考が刺激され、個人の内省を促すことができます。神奈川県鎌倉市立深沢小学校では、市の方針を受けて「担任制の再構築」を進めることになりました。

従来の学級担任制では、一人の担任にかかる負荷や責任が重いことから、文部科学省としてもとりわけ小学校高学年における教科担任制を中心に推進していこうとしています。しかし、多くの学校では、日々を過ごすなかで「これまで」を問い直し、再構築することが困難な状況も多いのが事実です。

そこで、「みんなで立ち止まり、担任制について対話する場」としての研修の設定に踏み切りました。深沢小の方針として、「教職員どうしが高め合えるような担任制にしたい」という校長の磯部さん、教頭の上さんのメッセージをもとに、研修をむかえます。

まずは、「新しい担任制について、こんなことぃいな♪できたらいいな♪という理想を自由に広げるとしたら？」というテーマでアイデアを出し合いました。すると、道徳ローテーションや合同授業、部分教科担任制など、学年の発達の段階を踏まえたアイデアがあふれ出したのです。対話を通して思考が刺激され、個人の内省と共に思考のコリがほぐれ、バイアスが解けていきます。豊かな対話のなかで可能性がどんどん広がっていくのがわかりました。

次に、「出したアイデアのなかで、実現させたいことはなんですか？」と「何なら可能か？　何から始めるか？」を決めていきました。その場では、リスクを踏まえながらも、「〜があれば、できるかも」、そして「できるかどうか？」ではなく「どうやって行うか？」というように建設的に対話する姿に感動しました。最後には、学年の発達段階を踏まえたうえで、合同授業、ローテーション授業、単元交換授業、固定教科担任制などを適切に組み合わせた、新しい担任制のモデルといえる形にたどり着きました。

この事例のように、研修は思考を刺激し、個人の内省を促します。深沢小では、担任制のコンセプトとなるフレーズ「みんなのクラス、みんなの担任、みんなで育つ深沢小」が教職員からうまれ、共通言語として豊かな対話を誘発し続けています。

当時の研究主任である久保さんは、「職員が新しいことにチャレンジする後押しとなる研修となりました。教員同士がなごやかな雰囲気のもとで、経験年数も関係なく、全職員で対話を重ねることができました。研修が直接的に解決方法に結びついたわけではありませんが、研修を経て、教員どうしが安心して対話ができる雰囲気が広まりました。対話によって全職員で乗り越えていこうという素地が学校にさらに根づいたと感じています。研修を経た今、目の前の子どもたちのために自分たちができることは？という視点をもって、本校ならではの取り組みを生み出していく組織力の向上が図られています。なによりも、職員が笑顔で毎日生き生きと誇りをもって教育活動に勤(いそ)しむことができています」と話していました。

研修の基本性質の【つくる】を切り口に、思考を刺激し、対話を誘発することで個人の内省を促すことができました。その結果、個人個人の自己革新が起こり、組織力が高まったといえます。

研修の機能 (3)

【研修は、学校課題に向き合う当事者をうみ、関係性を再構築する】

研修においては、学校ごとに状況が異なるため「これを行えばいい」というものはなく、各学校の課題に応じて設定されることが求められます。研修を通して適切な課題解決の方向性が見えたときに、「自分たちで変えていくんだ」という当事者があらわれることが多いです。すると、行動変容がボトムアップで起き、対話の質も高まっていきます。その結果として関係のコリがほぐれ、新しい関係性が再構築されます。まさに、ヴィジョンに向かって、学校をよりよくしていくプロセスでこそ、関係の質が高まっていくということです。

兵庫県神戸市立白川小学校、妙法寺小学校では、「教材研究のための時間確保がより可能になる創造的余白を増やす」ために業務改善を進めるという方向性に共感し合い、２校合同で研修を設定しました。この日に実施した内容は、さまざまな教育活動の目的を問い直し、再構築する「目的思考研修」です。

両校とも、「問い直したい教育活動」を事前に出しておき、それを持ち寄って研修が始まりました。たとえば、行事／学校のきまり／授業／宿題／時程／掃除／校内研究など、日頃から違和感はありつつも、なかなかこれまで検討することができなかった教育活動がたくさんあげられました。そのなかから各自１つのテーマを選び、選んだテーマごとにチームになって対話が始まりました。

選んだ教育活動の目的を問い直すなかで、「これ、目的に合っていないね。～に変えるとかもありだね」といった再構築のアイデアが提案されはじめます。自ら提案するプロセスで、「どうやったら実現できるのか」を考える当事者が次々とあらわれ、両校ともに終了後にプロジェクトチーム[*8]が発足し、ボトムアップで業務改善が進んでいきました。

このプロジェクトを進める過程で、質の高い対話を通して絆も深まり、関係性も再構築されていきました。両校とも、神戸市のモデル校として横展開していき、「やってきてよかった！」という実感から、さらに豊かな関係性が紡（つむ）がれていきました。

この場づくりの立役者である、神戸市立妙法寺小学校の業務改善担当である岡田有弘さんは次のように振り返りました。「研修を２

＊8　改革をトップダウンではなくボトムアップで進めるために、改革のテーマを各チームで分担し、「プロジェクトチーム」をつくって推進していきます。有志でこの指とまれ的に集まるパターンもあれば、全員何かしらのプロジェクトに関わるパターンなど、実施方法は学校によってさまざまです。

校合同で行うことで、業務や教育活動の目的を問い直す考え方を、他校の様子も知りながら学ぶことができました。すぐに実現できる改善と、体質改善のようにゆっくりと進む改善という２つの価値があったと思います。プロジェクトとして妙法寺cafeや仕事術・学級経営のアイデアシェア会を実施しました。また、プロジェクト以外にも、授業時数のカットや、時程の変更、環境改善等を実現することができました。職員会での情報発信により、意識改革にも働きかけられたことで、時間外勤務時間も減らせています。それだけでなく、ウェルビーイングや対話を大切にしていることをチームで共有し、子どもたちへの指導・支援・教育にも生かせています。研修の様子やプロジェクト型業務改善の取り組みを教育委員会や組合から全市に発信して横展開も行っているところです。」

研修の基本性質の【見直す】を切り口に、学校課題に向き合う当事者をうみ、関係性を再構築することができたといえます。

研修の機能 (4)

【研修は、組織開発のサイクルをうむトリガーになる】

何かを始める、動かす、アップデートするなど、トリガー[*9]が必要なことが組織にはあります。それは、問題がある・ないにかかわらず、時代の変化に応じて組織として変化するためには、そのきっかけが必要ということです。

栃木県鹿沼市立粟野中学校では、「教育の質を高めるための働き方改革」、すなわち子どもたちに届く改革をテーマに研修を推進していました。業務改善のアイデア出しは教頭である鈴木さんによって事前に行われていたので、出たアイデアのなかから各自が進めた

＊9　トリガーとは銃などの「引き金」に由来する言葉で、何かを始めるきっかけや、物事が起きる契機などのことです。

いトピックを選び、プロジェクトチーム的に進めていくための「納得解提案ワークショップ」研修を実施しました。

業務改善アイデアのなかで比較的実現可能なものはすでに実施していたからこそ、「実現が困難、でも実現させたい大きなアイデア」を動かす研修の日にしました。この日がトリガーになり、行事の在り方の転換や、部活動の再構築などが実現しました。

トリガーになった要因としては、３つの共有がなされたことが考えられます。１つ目は、教育の質を高めるための働き方改革という「目的」が共有できたこと。２つ目は、「実は、～は必要ないと思うんだよなぁ」や「～にした方が、みんなにとっていい気がする」など、「本音」が共有できたこと。３つ目は、「このアイデアすごくいいね！」「これさ、もう試行実施しない？」などと「関心」が共有できたことです。これらにより組織としての最適解がうまれ、それがトリガーとなってより組織開発が進んだというロジックです。

その後も、さらに動かしたいアイデアがうまれ、再度対話する場をつくったり、ミドルリーダーが推進したりなど、校内でサイクルがまわり続けています。管理職の、方針を示したうえで教職員に信じて任せ、中心となって動くミドルリーダーに伴走したり、共に学んだりするという姿がすばらしく、まさに、ミドルリーダーの火をつけるミドルアップダウン[＊10]です。トリガーとしての研修を通して、思考のコリと、関係のコリがほぐれ、サイクルがまわり続けます。

教頭の鈴木さんは、「先生方が、業務について思ったことやアイデアを伝え合い、思いが形になっていった。そのため、先生方に

＊10　トップダウン（上からの指示）とボトムアップ（現場からの提案）の両方の要素を組み合わせたものです。ミドルリーダーが中心となって管理職のビジョンを教職員にわかりやすく伝え、教職員からの意見や問題点を管理職にフィードバックして組織全体の連携を強化します（本書63頁参照）。

とって学校改革が他人事でなくなり、自分事としてやらされ感がなくなった」と振り返っています。また、この研修の価値として①業務改善を行うにあたり、教師特有の「生徒のためには〇〇すべき」というバイアスを取り除くことができた、②大野さん（※筆者）から他の学校での取り組みを教えていただいたことで、新たな視点から考えることができ、改革が進んだ、③ワークショップの用紙などを参考に取り組み方を学べたので、次の年にも生かして継続していける、の３点をあげています。さらに、「大野さんが教えてくださった、グループのつくり方やワークショップの方法を参考にして、今年も業務改善に取り組んでいます。とくに、学校祭、体育祭を大きく変えたので、行事が終わったタイミングで改善班をつくり、さらに来年に向けて動いています」とのことです。

研修の基本性質の【動かす】を切り口に、トリガーとなり、組織開発のサイクルをうむことができたといえます。

研修の機能 (5)

【研修は、越境やロールモデルとの出会いにより、自己革新が誘発される】

校長会が実施する研修会は、伝達や共通理解を図ることに終始することも多いと聞きます。実際に、「毎回伝達で終わっているため、研修を行う意義を感じられない」という声も耳にします。研修という名目で、教育委員会からの伝達を聞いたり、不祥事防止等についてのディスカッションをしたりする場合もあるでしょう。それが有意義な時間になっているのかという問い直しの余地があるのではないでしょうか。

福島県福島市では、校長会の在り方そのものがリデザインされています。

福島市は文部科学省の「学校における働き方改革の推進に関する

調査研究」事業に自治体として参加しています。校長会の前半では、同事業のモデル校２校の校長から「モデル校の実践の共有」が行われ、主に「うまくいったこととポイント」と「うまくいかなかったことと改善策」の２点が共有されました。後半では、「モデル校の実践の共有を受けて、自分の学校でどう推進していくのか？」というテーマで対話をしました。この研修で、働き方改革の「作戦会議」ができたのです。

校長は学校で１人のみの役職であり、孤独な側面があると聞きます。だからこそ、校長会という場をリデザインすることで、悩み相談やノウハウの共有を含めて「作戦会議」ができる場にすることに意義があります。また、校長の悩みとして、「うちの学校だけが新しいことをすると、他校から何か言われるかもしれない」という声を聞くことも多いです。これは、よくも悪くも横並びの文化があるためです。

福島県では、県全体で「働き方改革を行い、教育の質を高めていく」方向性が共有されているため、改革を「点」ではなく「面」で進めていくことが可能です。福島市の校長会での作戦会議がトリガーとなり、そして推進者としての校長にとっての「待ち合わせ場所」――意見を共有し、議論し、共に行動していくよりどころとなることで、さらに改革を進めることができます。

ここで重要なことは、伝達をなくす必要はないという点です。ただ、ICTを活用したり、「ここだけは」という最低限の内容にしたりすることで伝達は短時間で終わらせ、作戦会議など有意義な対話の時間を創出することが重要です。

これは、校長会に限らず、教頭会・副校長会や教務主任会、生活指導主任会など多様な場で取り入れることができると思います。

研修の機能（6）

【研修は、環境や仕組みを見直し、ハード面も改善する】

組織開発では、ソフト面である関係性の改善を中心にアプローチされることが多いですが、わたしが考える組織開発においては、その過程で「ハード面」の改善にまで影響があることも多くあります。

栃木県栃木市立大平南中学校では、推進者である酒井さんを中心に、現職教育（教職員の研修の場）のなかで対話をすることにしました。テーマは業務改善です。対話は、酒井さんの「いったんみんなで話し合おう。そして、やれることをやろう」というラフで話しやすい雰囲気づくりから始まりました。教職員から出たアイデアを「やりたいことリスト」として整理し、みんなの意見を吸い上げて一つひとつ実行していきました。管理職の方のつくる心理的安全性のなかで、「やってもいいんだ！」とバイアスが取り除かれていき、教職員が自走し始めたのです。

具体的には、●学校配布物のPDF化、●アンケート・参加申し込み・出欠確認・三者面談申し込みのICT化、●欠席者への連絡や生活ノートの廃止、●清掃への掃除機の導入、●登校時間を遅くして朝の職員研修・打ち合わせを実施可能に、●宿題を見直し探究型の学習に転換、●卒業文集の見直し、●行事を見直し生徒主体＋地域連携を充実、●学校祭の地域移行、●定期テストの業者依頼（社会で先行実施）、●集会と会議を同時に実施、●給食の時間に会議を実施、●校則の見直し、●印刷室に休憩スペースを設置、●朝CAFÉの実施、などなど、短期間で大きく動きました。

働き方改革というと、時間外在校等時間を減らすための研修のみを実施する学校や、職員室の風通しをよくするためにコミュニケーションを取りやすくすることに特化する学校もあります。どちらも大事なことは間違いありません。ただ、それだけではなかなか働き方改革が進みにくいのも事実です。

大平南中のように、風通しのよい職場づくりとしてソフト面も改善しながら、環境や仕組みとしてのハード面も改善していくことは、車の両輪のようなものであり、効果的です。

研修の基本性質である、【整える】を切り口に、ソフト面にとどまらず環境や仕組みを見直し、ハード面も改善できた事例といえます。

ここまで見てきた研修の６つの機能を整理してみましょう。

【研修の６つの機能】

(1) 研修は、組織に目指す方向性を与えチームをつくる
(2) 研修は、思考を刺激し、対話を誘発することで、個人の内省を促す
(3) 研修は、学校課題に向き合う当事者をうみ、関係性を再構築する
(4) 研修は、組織開発のサイクルをうむトリガーになる
(5) 研修は、越境やロールモデルとの出会いにより、自己革新が誘発される
(6) 研修は、環境や仕組みを見直し、ハード面も改善する

このように、研修はそのリデザイン次第で、ただ楽しいだけではなく、立ち止まって対話をする場となり、思考や関係のコリをほぐして、組織開発のきっかけを生み出します。思考や関係のコリがほぐれた組織では、リデザインのサイクルがまわり続けることが多いのです。

学校における研修の定義

以上を踏まえて、冒頭で掲げた「研修とは何か？」に対して、本書では以下のように回答し、学校における「研修」の定義をしておきたいと思います。

学校における研修の定義
「学校経営方針の実現を目指す観点で、思考と関係のコリをほぐし、教職員一人ひとりの自己革新を促進する学びの場」

授業論においてこのようなフレーズがあります。「楽しくなくては授業ではない。楽しいだけでも授業ではない。」これは、研修においても相似形といえます。楽しいだけではなく、自己革新が起こり、その結果として学校経営方針の実現に向かっていく研修。すべての研修をこの定義に基づいてリデザインすることはむずかしいかもしれません。ただ、リデザインをしていく羅針盤として、この定義をよりどころにしていただけると幸いです。

1.3 リデザインとは

目的を問い直し、手段を再構築する営み

よく「既存の研修は古いからやめるべき。変えるべき」といった視点が散見されます。本書で提案するリデザインとは、そういうものではありません。

リデザインとは「再設計」や「再構築」を指します。破壊ではなく、これまでのやり方も大切にしながら再構築をすることでよりよい在り方を導き出す営みのことです。すべてを0(ゼロ)からつくるというのは現実的ではありません。ほとんどのアイデアは、これまでの何かの組み合わせの上に成り立つと考えています。「これまでの研修において、どの要素がよくて、どの要素は改善可能なのか」を吟味し、目的に応じて再構築していくことが求められています。そのため、目的を吟味したうえで、手段を踏襲して研修を実施するということも、もちろんありうるということです。

ただ、目的を問い直したうえで、「これは再構築する方がよさそうだ」と判断した場合には、リデザインの必要性があるということです。「変える」ではなく、「問い直す」が本質なのです。

リデザインの定義

以上を踏まえて、本書では以下のように「リデザイン」の定義をしておきたいと思います。

> **リデザインの定義**
> **「目的（Why）の問い直しをすることで、手段（How）の再構築をする営み」**

見方を変えると、リデザインとは抽象と具体の行き来をすることともいえます。**図1-7**にもあるように、既存の手段があるとして、それをWhy？と目的を問うことで抽象化します。それを踏まえて、How？と改めて具体化をしていくこのサイクルがリデザインということです。

これは研修に限らず、すべてに当てはまる概念です。目的（Why）の問い直しをすることで、手段（How）の再構築をする営みという定義をもとに、より学校の研修に即して図に落とし込むと、**図1-8**

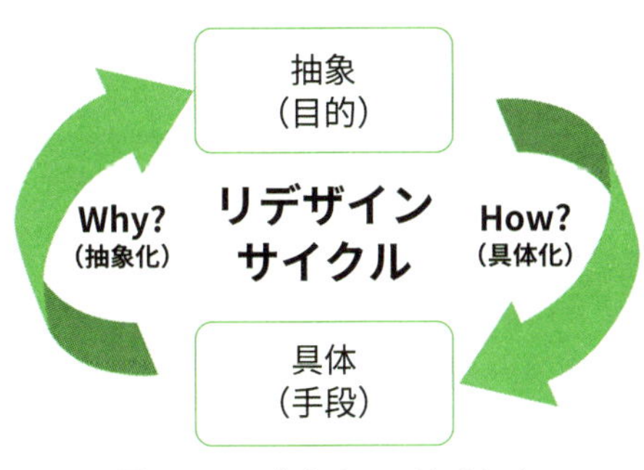

図1-7　リデザインのサイクル

のようになります。

研究授業を行っている校内研究について、リデザインを試みる学校を例に見てみましょう。現在、年間で代表者３名による研究授業を実施しています。この手段自体に全く問題はありません。ですがここで、その在り方について、Why？と目的（抽象）を問い直します。この学校の校内研究の目的が「一人ひとりが日常的にアップデートするための授業研究」だとして、その目的を踏まえて、How？と具体化してみます。すると、「日常的に学び合う在り方にする方が、目的を達成できそうだ」と思い至り、図のように新しい手段を再構築することができます。これが、リデザインです。

ここで重要なのは、１回リデザインして終わりではなく、具体と抽象が常に行き来することで、目的の問い直しと手段の再構築のサイクルがまわり続けるということです。ここでは、これを、「リデザインサイクル」と呼びます。とてもシンプルで、かつ重要な思考です。

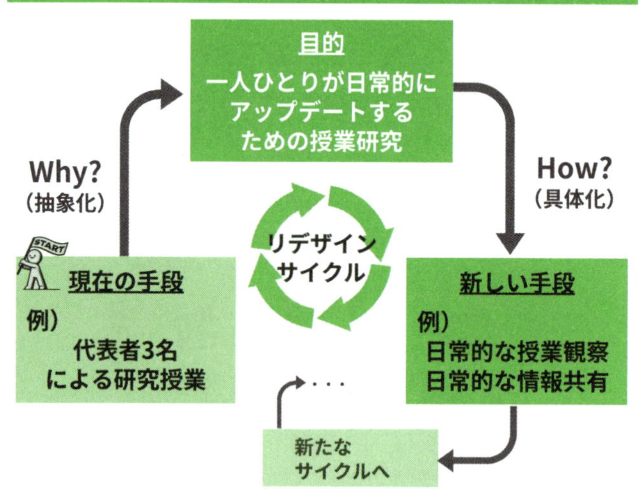

図1-8　リデザインのサイクルの具体例

1.4 リデザインは対話で進める

リデザインを行う際に最も重要なのは、「立場の異なる多様なメンバーとの対話でリデザインサイクルをまわすこと」です。一人で問い直し、一人で再構築するのも価値はあるでしょう。ただ、一人によるリデザインは、場合によっては対立や溝が生まれる要因になることも考えられます。

たとえば、一人によるリデザインの結果、再構築された「新たな解決策」を提案した際に、抽象化されたWhyの部分がブラックボックスになっているために他の同僚に共有されず、前例踏襲vs新たな解決策という対立構造が生まれやすくなります（**図1-9**左図）。対立の原因は、コミュニケーションギャップです。図のように、「具体vs具体」で「前例踏襲vs新たな解決策」で議論をしていたためといえます。

そのため、一見遠回りに見える「この手段は何のためか？」とい

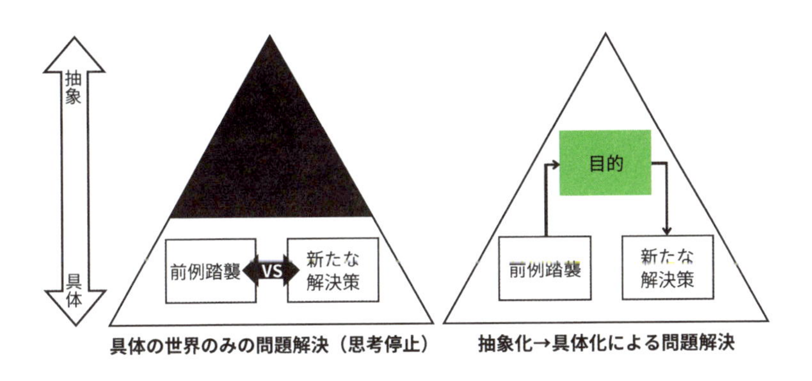

（細谷功『「具体⇔抽象」トレーニング』〈2020年、PHP研究所〉113頁の図27を参考に筆者作成）

図1-9　思考停止のメカニズム

う抽象を行き来する対話を立場の異なる多様なメンバーと行うことこそが、実は近道なのです。この抽象（Why）について対話をすると、**図1-9**右図のように、前者ではブラックボックス化されていた抽象概念が共有され、納得解としての新たな解決策が再構築できるという仕組みです（研修創造の進め方についてはPart3「How」を参照）。

オルタナティブスクールのヒロック（HILLOCK）初等部代々木校のスクールディレクターである五木田洋平氏は、著書『対話ドリブン』（2024年、東洋館出版社）のなかで「実は…」と開示できたり、問い合える関係が重要と論じています。研修担当や管理職など、リデザインを進めたい創り手側が「実は……」を伝えることと同じくらい、その他の学び手側の「実は……」を聴くことも重要なのです。このような本音を出し合う対話を通して、リデザインは進んでいきます。再構築は、みんなで行うことでよりよいものにすることができます。

1.5 「見えやすい」は落とし穴

「問題は見えやすく」、「真因」は見えにくい

研修を選んでいくうえで、真の課題を捉えることは欠かせません。どれだけ工夫された研修を実施しても、その研修が課題解決として適していなければ逆効果になることさえあります。**1.2**で学校における研修の定義として、「学校経営方針の実現を目指す観点で、思考と関係のコリをほぐし、教職員一人ひとりの自己革新を促進する学びの場」を示しました。この観点からも、学校経営方針を目指すうえで、何が課題なのかを射抜くことが研修担当や管理職に求められているのです。

ここで参考になるのが、『星の王子さま』の有名な一節です。

「とても簡単なことだ。ものごとはね、心で見なくてはよく見えない。いちばんたいせつなことは、目に見えない」（アントワーヌ・ド・サン＝テグジュペリ）

この有名な一節と同じように、実は課題を捉える際に、「見えやすい」ところには落とし穴があります。キーワードは「真因」です。

真因とは、根っこにある本質的な問題を指します。それは見えにくいところにあるため、意識しないと発見が困難です。対して、問題というのは見えやすいのです。たとえば、「遅くまで残る」などは見えやすい問題です（図1-10）。この表面的に見えている部分を対症療法的に直接解決しようとすると、「早く帰ったって、仕事量は変わらないのに」と不満がたまるだけで、本質的な解決にはなりません。他方で、問題から原因を掘っていくと、「荒れたらどうしよう」という不安があるにもかかわらず「同僚を頼ることができない」などの真因が発見できます。その見えにくい、でも重要な真因を発見することで、「関係のコリをほぐしていく必要がある」という真の課題が見えてきます。

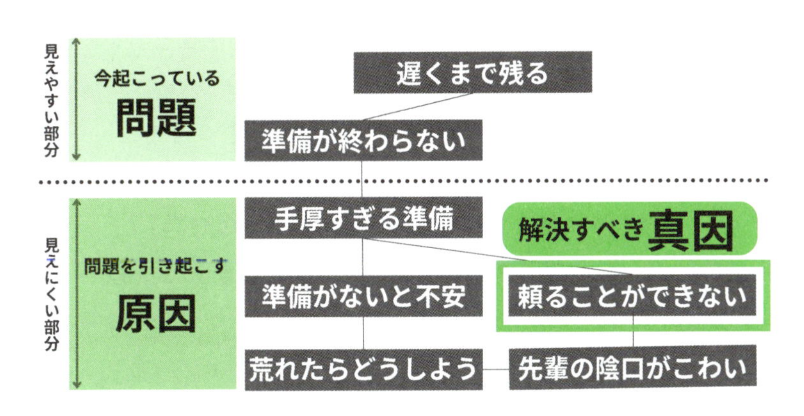

図1-10　真因を探る

立教大学教授の中原淳氏は『組織開発の探究』（中原淳・中村和彦、2018年、ダイヤモンド社）のなかで、「今その現場で何が起こっているのかを探究し、見える化していく企画の部分や調査の部分、それが８割ではないでしょうか」と語っています。これに大いに共感します。実際には、組織における「問題の定義」ですら簡単にはできないものです。観察や対話を通して、少しずつ浮き彫りになってくるときもあります。「真因を探す」といっても、問題は「様々な原因が相互に影響し合い起こっているもの」です。そのため、わかりやすく一撃で射抜くのが困難なことも多いのです。いくつかの原因のなかで、「最も影響を及ぼしている原因があり、それを真因」として解決を試みるわけです。では、その真因の見つけ方のヒントとなる「６つの目」について解説していきます。

真因を探るために６つの「目」を使い分ける

ある中学校でヒアリングをしている際に、管理職の方が「うちの教職員は一部の教員以外が新しいことに全くチャレンジしなくて困っている」と問題を捉えていました。そして「これからの教育についてインプットし、教職員の意識を高めればチャレンジをするはず」という課題を設定していました。

もちろんそれは、部分的には事実であるかもしれません。ただ、それは見えやすい問題であることに注意が必要です。「なぜ、チャレンジができないのか？」、この原因に迫りたいのです。そのためには組織を俯瞰し、立体的に捉えることが重要です。

この管理職の見方は「虫の目（ミクロ）」、いわゆる近視眼的といえます。一部の教職員以外、新しいことにチャレンジしないことは問題として起きており、事実です。ただ、「鳥の目（マクロ）」で組織を俯瞰し、「蝶の目（オープン）」で多様なメンバーから話を聴くことで、「なぜ、チャレンジができないのか?」の構造的な問題が立体的に見えてきます。

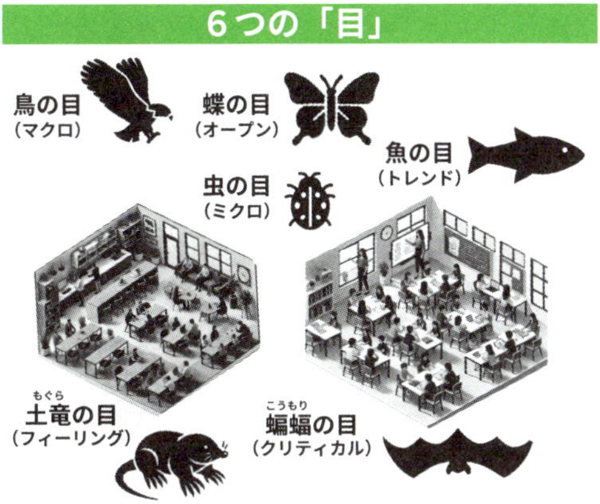

6つの「目」

鳥の目
（マクロ）
蝶の目
（オープン）
魚の目
（トレンド）
虫の目
（ミクロ）
土竜の目
（フィーリング）
蝙蝠の目
（クリティカル）

図1-11　真因を探るための６つの「目」

６つの目（図1-11）を駆使することでわかったことは、この学校では、教科をこえて対話することが少ないために、「自分の教科だけが勝手なことをしたら、何か言われてしまうかも」という心理的“非”安全性が充満していたということです。つまり、「関係のコリ」こそが真因だったのです。教科ごとに縦割りされていたシステム構造を見直すために関係性を改善することこそが、真の課題であったことがわかりました。

実際にこの学校では教科をこえて対話し、情報を共有する横ぐしを刺す研修をワークショップ形式で実施したことで、チャレンジあふれる学校に変わりました。関係のコリとは、システム構造のゆえに起きていることがこの事例からもわかります。

補足したいのは、「虫の目（ミクロ）」がダメなのではなく、「鳥の目（マクロ）」を含めて適切に使い分けていくことが重要ということです。「虫の目（ミクロ）」でしか拾えない声や、困り感も真の課題を捉えるにあたって必要だからです。

また、「蝶の目（オープン）」で現状をいったん否定・遮断・棄却することで、多様なメンバーからありのままに声を聴くことも必要です。そして「鳥の目（マクロ）」で組織を俯瞰することで構造上の問題を捉えることも必須です。「魚の目（トレンド）」で教育の方向性や最前線を捉えていくことや改革を時間軸で捉えていくことも重要です。ただ、「土竜の目（フィーリング）」を使い、体全身（五感）で感じたことを大切にしてみるという視点も忘れてはいけません。そのうえで、「蝙蝠の目（クリティカル）」を使い、「この課題で本当によいのか？」と批判的に見ることで目的を問い直し、手段を再構築していくことができます（図1-12）。

以上の６つの目を使い分けながら真因を発見していきます。そうすることで、最適な手段としての研修実施が可能になります。ただ、１人で６つの目を駆使することがむずかしい場合もあると思います。だからこそ、仲間と共に対話をしながら真因を発見していくことをおすすめします。

鳥の目（マクロ）	蝶の目（オープン）	蝙蝠の目（クリティカル）
組織を俯瞰して構造的な問題を捉える	多様なメンバーからありのままに声を聴く	本質を見抜き真の課題を発見する
魚の目（トレンド）	土竜の目（フィーリング）	虫の目（ミクロ）
時代の流れと組織の時間軸で読む	視界に映る景色だけではなく体全体で感じる	実行と巻き込みをすることでムーブメントを起こす

（ワークショップ探検部・松場俊夫・広朋紀・東嗣了・児浦良裕『そのまま使えるオンラインの“場づくり”アイデア帳――会社でも学校でもアレンジ自在な30パターン』〈2021年、翔泳社〉87頁、伊藤元重『経済を見る３つの目』〈2014年、日経BPマーケティング〉をもとに筆者が改変）

図1-12　６つの「目」の役割

1.6 真因は2つに集約される

1.1でも述べたとおり、すべての問題の原因を紐解いていくと、必ずといっていいほど「思考」と「関係」のコリにたどり着きます。真因は、この２つのコリからくるということです。しかも、この

「思考」と「関係」のコリは切り離せるものではなく、相互に絡み合っています。

今起こっている問題から、問題を引き起こす原因を探り、解決すべき真因を捉える。そうすると、Part 2で示す事例のどの切り口の研修を選ぶとよいのかも見えてきます。さらには、研修を実施する際に、真因を解決できるような在り方にリデザインする必要性もわかるはずです。

この「思考」と「関係」の2つのコリをほぐすための研修を実施する際に、「ヒト」ではなく、「コト」に目を向けます。そうすると、システムエラーが起きているだけなのだと捉えることができ、「だれも悪くなかった。システムの問題だったんだ」と、全員を承認することにもつながるのです。

以上を踏まえて、見えやすい問題から理由に寄り添い、原因をあげる。そして、真因を捉える。そのうえで解決策を創造することで、研修の定義である「学校経営方針の実現を目指す観点で、思考と関係のコリをほぐし、教職員一人ひとりの自己革新を促進する学びの場」にたどり着きます。

1.7 管理職の影響力

自己革新というのは、ただ研修を実施すれば起こるものでもありません。ブリンカーホフ氏は、著書 “*Telling Training's Story*“ のなかで、研修の前後で学習者の行動に与える影響について、講師や受講者以上に「マネージャー（管理職）」による影響が強いと説明しています（Robert O. Brinkerhoff “*Telling Training's Story*”,2006）。

研修の効果を最大化するうえでの大きなポイントは、学校においてはとりわけ管理職の関わりによる影響が強いこともわかっており、

「研修担当へ丸投げ」では効果を最大化することは困難です。

もちろん、ミドルリーダーに任せることで、自律分散型の組織にしていくこともすばらしい指針であり、任せてはいけないということではありません。「研修担当者を信じて任せつつ、管理職が研修前、研修後に適切に関与していくことで、研修の効果が大きく異なる」ということです。

では、管理職としてどのような関与が考えられるのかを、研修前と研修後に分けてそれぞれ3つ提案します（図1-13)。

管理職の役割					
研修前			研修後		
❶	❷	❸	❹	❺	❻
研修担当者・推進者との作戦会議	参加者への価値の共有	期待の言語化	背中押し	リマインド	フォロー

図1-13　管理職の役割

■研修前

(1)　研修担当者や推進者との事前の作戦会議

研修担当者や推進者の「不安」を「安心」に変えるためにも、研修前に作戦会議を行うことが重要です。また、学校経営方針のどこに位置づくのか、この研修の意義は何かなどについても話す機会をもつことで、さらに研修担当者や推進者のモチベーションが高まります。具体的にはWhy「何のために行うのか？」／What「何を行うのか？」／How「どう行うのか？」について、押しつけず、かつ丸投げしすぎずに共創するような作戦会議ができると効果的です。

その際のポイントは、「研修担当者や推進者が決めた」と思えるように、自己決定を委ねることです。自分で決めたことで、当事者意識もより高まります。管理職は、学校経営方針の実現のために「こういう場をつくりたい」という思いと、研修担当者や推進者に頼りたい旨を伝えるだけでもいいのです。そのうえで、どのような場にするかは担当者に任せることもできるわけです。

(2) 研修参加者（学び手）への本研修に関する価値の共有

会議や打ち合わせなどにおいて、「この研修にはこんな価値がある」と管理職が共有することで、職員は「これは学校全体として必要なことなんだ！」「子どものためになることなんだ！」などとより自分事として捉えられます。これは、研修担当者や推進者にも追い風となります。管理職からの価値づけがないと、孤立状態になったり、対立につながったりすることがあるからです。できる限り、学校経営方針のどこに位置づいているのか、そして、それがどのようにヴィジョンの実現につながるのかを全体の場で語ります。

(3) 研修後のアクションや自己革新への期待の言語化

(2)の価値の共有と合わせて、「研修を通して、こんな姿を期待している」ということを示すのも効果的です。もちろん、過度な期待や押しつけになってはいけません。ただ、一歩を踏み出す方向性を示すことをおすすめします。

ここでのポイントは「ゴールイメージ」がつかめるような働きかけです。そうすることで、安心してアクションを起こせるようになります。管理職がこの研修を通して「こんなことを学び、こんなアクションをしていきたい」と、自身の抱負を語るのもよいでしょう。管理職の学び続ける姿勢こそが、学び続ける教職員をうむのかもしれません。

■研修後

(1) 具体的なアクションや自己革新への背中押し

研修終了直前で管理職が話す場を設ける学校も多いと思います。そのような場、もしくは会議や打ち合わせの場で、「今回の研修がどのような目的で行われ、どのような価値があったのか」について再確認し、そのうえで、「どのようなアクションや自己革新をしていけるといいのか」について指針を出せるとよいでしょう。「楽しい場になったけど、やりっぱなしになってしまった」という研修がよくあります。意図的に背中を押すことで、安心してアクションや自己革新が起こせるように働きかけをすることをおすすめします。

(2) 研修に関するリマインド[*11]

これは管理職が行うか、研修担当者が行うかはぜひ対話をしてほしいのですが、リマインドはとても効果的です。人は、学んだことを意図せず忘れていくものです。だからこそ、適切な場面でリマインドを図ることをおすすめします。

リマインドの仕方にはさまざまな方法がありますが、おすすめは価値づけによるリマインドです。たとえば、誰かが実践を行った際に、その姿を他の教職員に共有することで、リマインド機能も働きます。すると、ムーブメントが起きやすくなっていくというロジックです。その詳細については**3.4**の「研修リデザインのための7つの問い❼」をご覧ください。

(3) アクションへのフォロー

フォローは「伴走」ともいえるかもしれません。アクションには多くのリスクが伴います。そのリスクを軽減する働きかけや、何か起きたときのフォローもそうです。この「何があっても大丈夫だ」という心理的安全性を高めることも重要な役割の一つです。その詳細については**3.3**の「❻伴走者」をご覧ください。

＊11　リマインドとは「思い出させる」や「注意を促す」という意味の言葉です。研修での学びを思い出し、再確認することで、研修の効果が高まることが期待できます。

column 1

対話で進める研修――ヒロック初等部

日々のみとりシェアリングという名の研鑽

1.4で述べたように、研修リデザインを行う際に最も重要なのは、「立場の異なる多様なメンバーとの対話」です。オルタナティブスクールのヒロック（HILLOCK）初等部では、対話を通して子どもたちの成長をチームとしてみとり、その取り組みが教職員の成長にもつながっています。

ヒロック初等部では、コゥ・ラーナー（ヒロックでは子どものことを「コゥ・ラーナー」と呼んでいます）たちが下校した後に活動のみとりをシェアする時間が始まります。ヒロックではその時間を「みとりシェアリング」と呼んでいます。

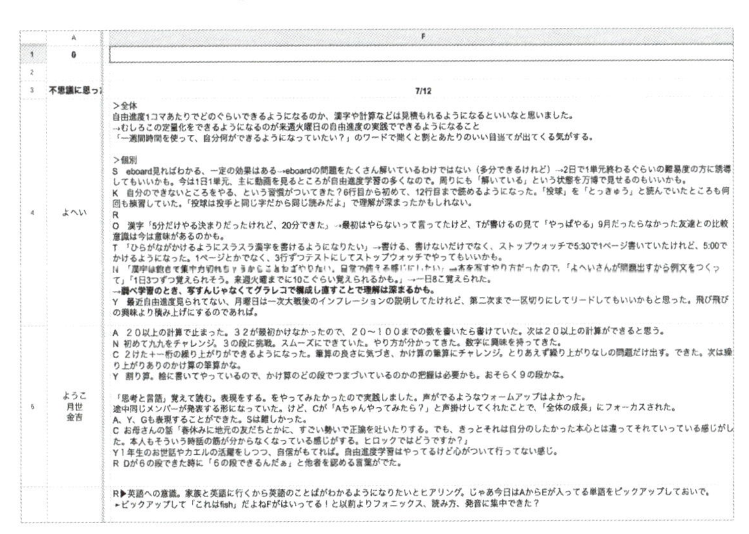

	A	F
1	0	
2		
3	不思議に思っ	7/12
4	よへい	>全体 自由進度1コマあたりでどのぐらいできるようになるのか、漢字や計算などは見積もれるようになるといいなと思いました。 →むしろこの定量化をできるようになるのが来週火曜日の自由進度の実践でできるようになること 「一週間時間を使って、自分何ができるようになっていたい？」のワードで聞くと割とあたりのいい目当てが出てくる気がする。 >個別 S　eboard見ればわかる、一定の効果はある→eboardの問題をたくさん解いているわけではない（多分できるけれど）→2日で1単元終わるぐらいの難易度の方に誘導してもいいかも。今は1日1単元、主に動画を見るところが自由進度学習の多くなので。周りにも「解いている」という状態を万博で見せるのもいいかも。 K　自分のできないところをやる、という習慣がついてきた？6行目から初めて、12行目まで読めるようになった。「投球」を「とっきゅう」と読んでいたところも何回も練習していた。「投球は投手と同じ字だから同じ読みだよ」で理解が深まったかもしれない。 R O　漢字「5分だけやる決まりだったけれど、20分できた」→最初はやらないって言ってたけど、Tが書けるの見て「やっぱやる」9月だったらなかった友達との比較意識は今は意味があるのかも。 T　「ひらがながかけるようにスラスラ漢字を書けるようになりたい」→書ける、書けないだけでなく、ストップウォッチで5:30で1ページ書いていたけれど、5:00でかけるようになった。1ページとかでなく、3行ずつテストにしてストップウォッチでやってもいいかも。 N　「漢字は飽きて集中力切れちゃうからこまめにやりたい。日常で使える様にしたい」→本を写すやり方だったので、「よへいさんが問題出すから例文をつくって」「1日3つずつ覚えられそう。来週火曜までに10こぐらい覚えられるかも。」→一日8こ覚えられた。 **→調べ学習のとき、写すんじゃなくてグラレコで構成し直すことで理解は深まるかも。** Y　最近自由進度見られてない、月曜日は一次大戦後のインフレーションの説明してたけれど、第二次まで一区切りにしてリードしてもいいかもと思った。飛び飛びの興味より積み上げにするのであれば。
5	ようこ 月世 金吉	A　２０以上の計算で止まった。３２が最初かけなかったので、２０～１００までの数を書いたら書けていた。次は２０以上の計算ができると思う。 N　初めて九九をチャレンジ。３の段に挑戦。スムーズにできていた。やり方が分かってきた。数字に興味を持ってきた。 C　２けた＋一桁の繰り上がりができるようになった。筆算の良さに気づき、かけ算の筆算にチャレンジ。とりあえず繰り上がりなしの問題だけ出す。できた。次は繰り上がりありのかけ算の筆算かな。 Y　割り算。絵に書いてやっているので、かけ算のどの段でつまづいているのかの把握は必要かも。おそらく９の段かな。 「思考と言語」覚えて読む。表現をする。をやってみたかったので実践しました。声がでるようなウォームアップはよかった。 途中同じメンバーが発表する形になっていた。けど、Cが「Aちゃんやってみたら？」と声掛けしてくれたことで、「全体の成長」にフォーカスされた。 A、Y、Gも表現することができた。Sは難しかった。 C　お母さんの話「春休みに地元の友だちとかに、すごい勢いで正論を吐いたりする。でも、きっとそれは自分のしたかった本心とは違ってそれていっている感じがした。本人もそういう時話の筋が分からなくなっている感じがする。ヒロックではどうですか？」 Y１年生のお世話やカエルの活躍をしつつ、自信がもてれば。自由進度学習はやってるけど心がついて行ってない感じ。 R　Dが６の段できた時に「６の段できるんだぁ」と他者を認める言葉がでた。
		R▶英語への意識。家族と英語に行くから英語のことばがわかるようになりたいとヒアリング。じゃあ今日はAからEが入ってる単語をピックアップしておいで。 ►ピックアップして「これはfish」だよねFがはいってる！と以前よりフォニックス、読み方、発音に集中できた？

まず、前頁の図のようなシートに「コゥ・ラーナーの様子」「どのような働きかけをしたのか」を書いていきます。

そのうえで話し合いを行います。「その様子、ぼくは見えていなかった。よく見えましたね」「昨日はこの子、7の段でつまずいていましたよね。今日は7×8ができるようになってましたよ」と「自分の見えていない視点」をおもしろがったり、コゥ・ラーナーの「事実」をシェアしたりします。これは、コゥ・ラーナーの成長をチームとして見ていくためにつくった仕組みだそうです。

話し合いの雰囲気もユニークです。会議のような重い雰囲気ではなく、まるで雑談のように自然と対話が始まります。これは、心理的にゆとりをもちながら「みとり」に関する研鑽を積む場となっているといえます。「みとりシェアリング」は研鑽として行われているわけではないのですが、結果としてそのような豊かな学びのある時間になっています。

それ以外にも、「悩みや困り感の相談」「最近書籍やセミナー等で学んだこと」なども対話のテーマになることがあり、シェルパ（通常の学校における教員）一人ひとりの成長につながっているようです。成長すれば、昔困っていたことにも対応できるようになり、余白が生まれていきます。

放課後にやることが山積みで余裕がない職場環境では、このような豊かな対話の時間はうまれにくいですが、ヒロック初等部には通常の小学校のような雑務の時間は比較的少ないそうです。「コゥ・ラーナーの育ちを支える活動」のみに仕事を精選し、余白を創出したことで、このような環境がつくられたといえます。

Part 2

「What」

──研修リデザインの4つの視点、8つの切り口

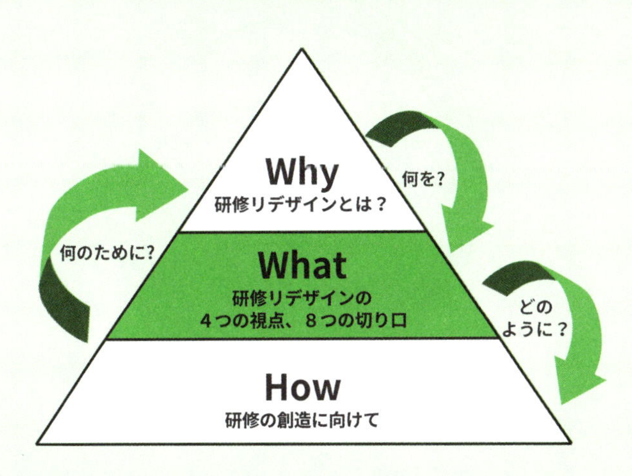

2.1 切り口は多様

学校をよりよくしていくための切り口は実に多様です。本書で示すもの以外にも、効果的な切り口がたくさんあると思います。ヴィジョンである学校経営方針の実現に向けて、このPart2で紹介する事例を参考にしながら、「この切り口ならうちの学校に合っているかもしれない！」というマッチングにつながれば幸いです。

実際に「こうすれば、学校はよくなる」といった完全な攻略法はこの世に存在しません。学校の成功は、あくまでもその学校の条件や実態に応じて異なるからです。重要なことは「いいとこ取り」です。さまざまな事例を紹介するなかで、「この事例のこの部分が、うちの組織で生かせそうだ！」という部分を見つけ、それらを組み合わせていくことをおすすめします。

本書では、図2-1のように4つの視点（❶チームになる、❷当事者を増やす、❸創造的余白づくり、❹教育の質を高める）、8つの切り口でまとめてみましたが、これら切り口はすべてを網羅しなければならないというわけではなく、部分的に取り組んでみる「部分

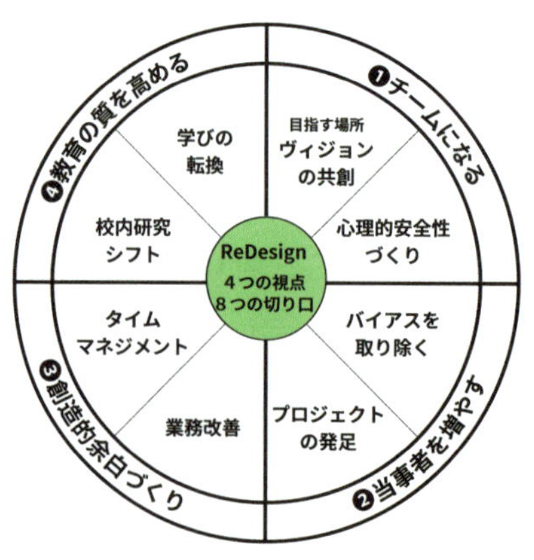

図2-1　4つの視点・8つの切り口

使い」でも効果があります。つまり、学校の実態に適していれば、どの切り口から始めても大丈夫ということです。さらにいえば、これ以外にも研修の種類や方法は多様に存在しますので、あくまでも一例として「いいとこ取り」の気持ちでお読みください。

また、「組み合わせ使い」はより効果があります。これから紹介する事例は、各事例の冒頭で示す「視点」を切り口としていますが、その後、複数の切り口を組み合わせてリデザインを進めていった学校がほとんどです。たとえば、「業務改善」の切り口から始め、「心理的安全性」を高めながら、「学びの転換」も充実させていくといったイメージです。

そして、「トータル使い」は最も効果的です。❶から始め、時計回りでなぞるように進めた学校もあります。あるいは、パズルのようにあちこちを進め、最終的にすべてを網羅した学校もあります。いずれにしてもトータルで学校のリデザインをしていくことで、学校がこれまでとは目に見えて大きく変わることは間違いありません。

ただ、研修時間の確保すら困難な状況の学校もあると思います。ですので、一つの事例としてその切り口を選択する場合を考えて事例紹介をしています。ぜひ、学校のなかで組織をよくしたいと考える関係者を巻き込み、「4つの視点、8つの切り口」を見ながら「どの切り口で実施してみようか?」と対話をし、リデザインを進めてみてください。

2.2 事例に学ぶ多様な研修リデザイン

次頁から、12校の研修リデザインの事例をご紹介します。ぜひ、ご自身の学校で生かせそうな「いいとこ取り」のヒントを探してみてください。

Redesign 4つの視点、8つの切り口 ～学びのガイド～

本書でご紹介する12の事例です。
「いいとこ取り」の参考にしてください！

❹教育の質を高める

校内研究シフト

持続可能な研究スタイルを確立したい！
▶P126　愛知県岩倉市立五条川小学校

個別最適な学びと協働的な学びの一体的な充実を実現したい！
▶P135　神奈川県逗子市立沼間中学校

学びの転換

「子どもが主語の授業」に学校全体で取り組みたい！
▶P145　東京都板橋区立志村小学校

校内研究を再構築し、学びの転換を図りたい！
▶P154　神奈川県鎌倉市立御成中学校

❶チームになる

ヴィジョンの共創

ヴィジョンを共創して、教職員が自走するチームにしたい！
▶P55　大阪府大阪市立長原小学校

対話を通してよりよい学校へ再構築したい！
▶P66　福島県立いわき総合高等学校

心理的安全性づくり

教職員が協働的に高め合える文化をつくりたい！
▶P75　兵庫県神戸市立白川小学校

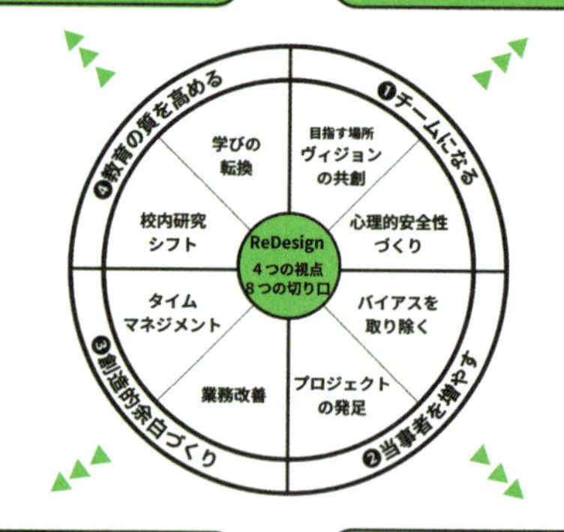

❸創造的余白づくり

業務改善

教職員みんなで教育の質を高めるための業務改善をしたい！
▶P102　愛知県豊橋市立大清水小学校

働きやすさと働きがいを両立する改善をボトムアップで進めたい！
▶P110　神奈川県横浜市立東俣野特別支援学校

タイムマネジメント

同僚性を高め、時間の使い方の質を高めたい！
▶P119　岡山県井原市立県主小学校

❷当事者を増やす

バイアスを取り除く

教職員の「～したい」を解放したい！
▶P86　埼玉県戸田市立笹目東小学校

プロジェクトの発足

当事者を増やして、改善のサイクルをまわしたい！
▶P93　東京都練馬区立石神井台小学校

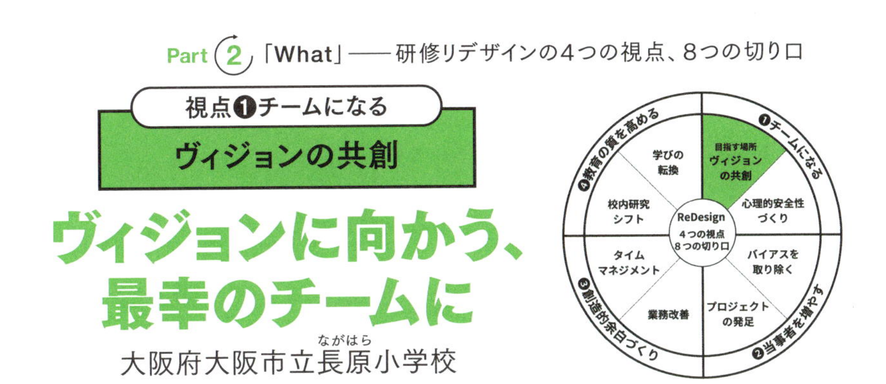

視点❶チームになる

ヴィジョンの共創

ヴィジョンに向かう、最幸のチームに

大阪府大阪市立長原(ながはら)小学校

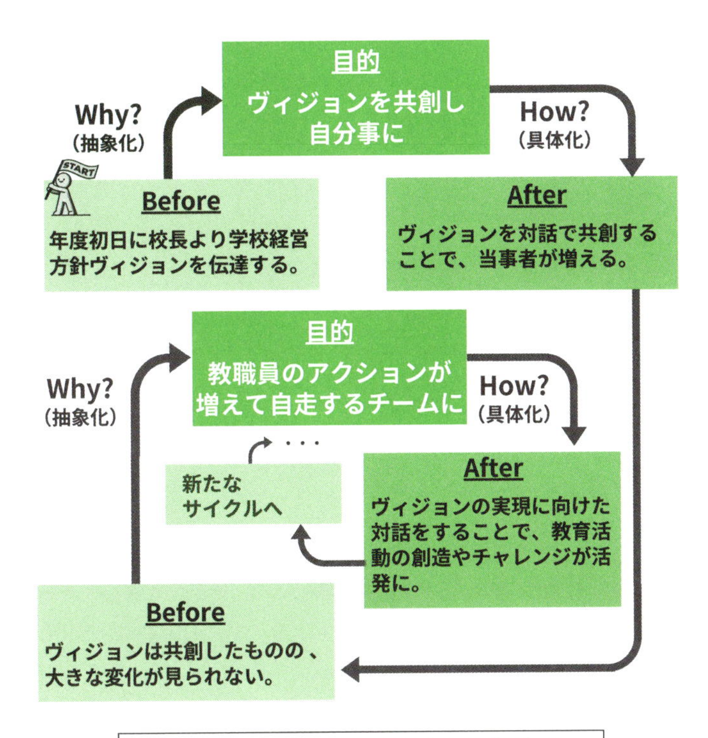

ヴィジョンの伝達研修をリデザイン

伝達研修を「共創」の場にし、ヴィジョンを自分事にしたい

■ヴィジョンを「伝達」するだけでチームになるのは困難

たいていの学校では、新年度の初日に管理職による「ヴィジョンの伝達」があると思います。学校のヴィジョンである学校教育目標

を実現するための学校経営方針を伝える場がそれです。これも、ヴィジョンを伝達することで同じ目標に向かって協働するチームにしていくための「研修」と捉えられます。そのため、各学校でよいスタートが切れるようにこの研修時間が確保されているのです。

ただ、多くの学校では、管理職が説明するだけの「伝達」の場になっているのが現状ではないでしょうか。学校によっては、何年も同じヴィジョンを伝達しているところもあると聞きます。もちろん、多忙な４月の初日ということもあり、教職員への配慮として短時間で伝達する意図もわかります。しかし、チームになるという観点で考えると、伝達のみではむずかしいのではないでしょうか。

■教職員を自走するチームに

大阪市立長原小学校校長の市場さん、教頭の上野さんには、「教職員を自走するチームにしたい」という課題意識がありました。一方的に伝達されたヴィジョンは、イメージすることはできますが自分事にはなりにくいものです。それはまるで自分とヴィジョンの間に、橋がかかっていない大きな溝があるかのようです。

そこで、ヴィジョンをただ伝達するのではなく、教職員全員で対話しながら「共創」する場を設けることにしました。共創することを通してそのプロセスに関わること、また、それが納得のいくものであることで、自分事のヴィジョンになると考えたのです。

対話でヴィジョンを共創する

■管理職から学校の方向性を示す

校長の市場さんから「子どもも大人もいきいきしている学校」という学校の方向性を示すフレーズが全教職員へ伝えられました。このように方向性については管理職を中心に示してよいのです。管理職が方向性を示すことで、教職員は安心して対話ができます。

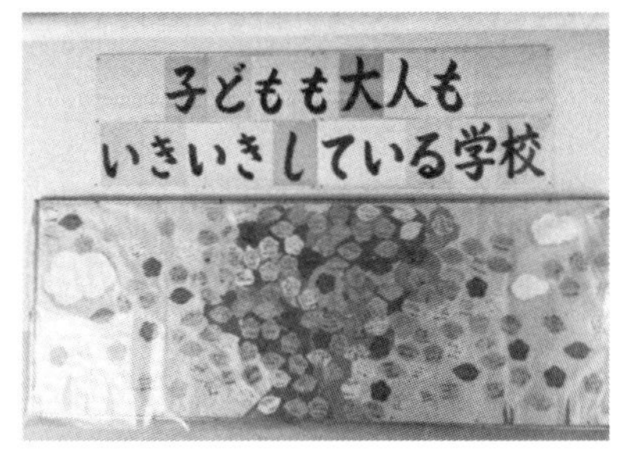

ただし、これではまだ、「ヴィジョンの解像度が低い」状態です。心から目指したい状態を描くことができなければ「なんとなくわかったけど、結局どこへ向かうのか？」が見えず、走り出せません。では、解像度をあげるために、論理立てて伝達をすればいいのかというとそうでもありません。「子どもも大人もいきいきしている学校」は抽象度の高いヴィジョンです。これを実現するにあたっては、対話を通して具体的に落とし込んでいく必要があります。そうすることで、さらに解像度があがっていきます。

■「めざす子どもの姿」と「めざす大人の姿」の共創対話

■コミュニケーションボードを使った共創対話

そこで、「えんたくん」という円形の書き込めるコミュニケーションボードを使って対話をし、「めざす子どもの姿」と「めざす大人の姿」を共創しました。

その結果、「めざす子どもの姿」は「自分からチャレンジする力」「自分で考えて、行動する力」「自分も人も大切にする力」の3つに、また「めざす大人の姿」は「すべての子どもを見守るチーム」「できないことは人の力を活用するチーム」「子どもから学ぶ大人のチーム」の3つに決まりました。

このように具体的な言葉に落とし込んでいく対話のプロセスを通して、チームになっていくことを目指しました。「関係のコリ」をほぐしていく第一歩として対話の場が効果的だということを、わたし自身も実感することができました。意図的にこのような場を設定しないと、自然とチームになることは困難です。ただの集まりである「グループ」から「チーム」になるプロセスにおいて、共通のヴィジョンを共創することが重要なのです。

共創したヴィジョンは、長原小のホームページにはもちろん、職員室前にも掲示し、常に目にする場所で共有されました。

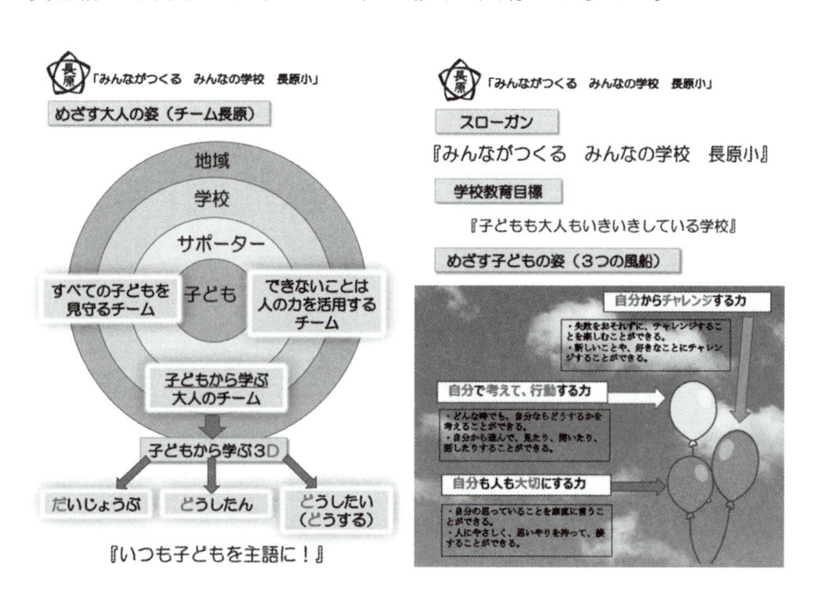

■共創したヴィジョン

教職員のアクションがあふれ、自走する学校にしたい

■ヴィジョンは掲げて終わりではない

校長の市場さん、教頭の上野さんとの研修実施に向けた事前ミーティングでは「きっと、うちの教職員たちはきっかけさえあれば当事者意識をもって動いてくれるはず。信じて待ちたい」と話されているのをうかがい、管理職のお２人が教職員を信頼していることが伝わってきました。そして、ヴィジョンが共創できたことでチーム

になり、教職員のアクションがあふれて、自走すると思っていました。しかし、教職員にはそこまで大きな変化が見られませんでした。

■真の課題は「動き出すきっかけをつくる」こと

そこで、真因を発見するために、教職員へのヒアリングを進めました。するとわかってきたのは、「いろいろとチャレンジしたい！」という気持ちは十分なほどにあったのですが、「個人で提案し、動き出すきっかけがない」という困り感があるということでした。つまり、ヴィジョンをもとにさまざまな教育活動について対話する場さえあれば、チャレンジしたいという思いがあるのです。

トリガーとなる研修の場をもつことで「自分の判断で変えてはいけない」という思考のコリをほぐし、「自分たちでいろいろとチャレンジしていいんだ！」という姿を目指したいと考えました。時間を確保し、みんなで学校の在り方を再構築する対話の場を設定することこそが真の課題でした。

学校づくりワークショップ

研修までに2回の事前ミーティングを実施しました。そのなかで、教職員が心からやりたいと思えること、つまり「ヴィジョンを実現させる観点で、個々人の理想を共有したい」という意見が管理職から出ました。そうすることで、各分掌のそれぞれの裁量権のなかで教育活動を再構築するきっかけになればという意図です。

「学校づくりワークショップ」と題して、研修当日を迎えました。研修の内容としては、

1. バイアスを自覚し、取り除く対話
2. 理想を拡散し共有する対話
3. 選択したテーマを実現させるための対話

の3つをOST方式（オープンスペーステクノロジー方式）[＊12] で進め

ました。この日のゴールは、「ヴィジョンの実現に向けた、教育活動の再構築」でした。そのため、最終的には行動変容につなげることをミッションとしていました。

1 バイアスを自覚し、取り除く対話

1.1で「思考のコリ」としてバイアス（思い込み）の説明をしました。バイアスは、1人あたり1,000個以上もあるといわれています。バイアスがあること自体は悪いことではありません。そのことを自覚することが肝要なのです。バイアスというのは、その人の背景やなんらかのきっかけによって形成されます。その背景やきっかけは人によってもちろん異なります。その結果、同じ組織内でさまざまなバイアスが邪魔をして対立構造になることがあるのです。

バイアスの解き方については、視点❷【バイアスを取り除く】笹目東小学校（86頁）でくわしく説明しますが、バイアスを取り除くポイントは、自分や相手との対話とリフレクションです。そうすることで、可能性が広がり、教育の質を高めていくことができます。

2 理想を拡散し共有する対話

バイアスを取り除く対話の後は、「こんなこといいな♪できたらいいな♪と思うことは何ですか？　自由に発想を描いてみましょう！」と投げかけ、OST方式でテーマを出し合いました。

出されたテーマのなかから「授業のアイデア」「ゆとりのアイデア」「職員室レイアウトのアイデア」の３つのチームに分かれて、それぞれのテーマごとに自由に理想を広げていきます。「子どもが

＊12　OST方式（Open Space Technology）は、アメリカのコンサルタントであるハリソン・オーウェンが提唱した、会議やワークショップの運営手法です。議題や進行スケジュールを設定せず、参加者が自由にテーマを提案し、自発的に議論を進める方法です。

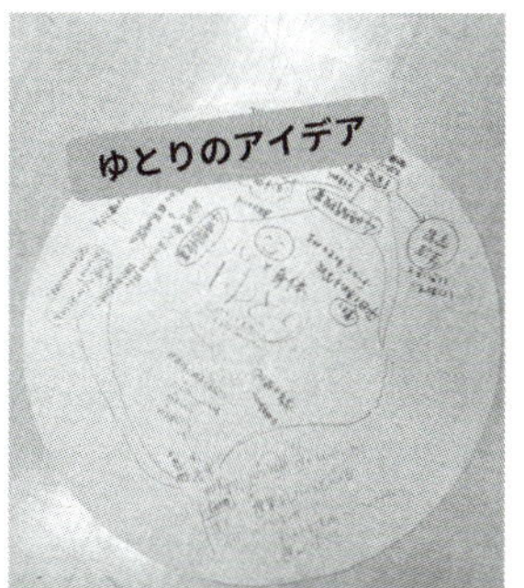

■テーマに分かれて理想を自由に描き込む

主語の学びをやりたいな！」「もっと、子どもと共創するような学習がしたい！」「ピザをつくるような学びをしたい！」「時程や日課表を変えて、もっと放課後の時間を増やしたい！」「40分授業を試してみたい！」「職員室にカフェコーナーをつくりたい！」「職員室にフリースペースをつくりたい！」などなど、理想が止まりません。

後日談ですが、ここで広がった理想のほとんどが9ヵ月後に実現するなどとは、この段階ではだれも予測していなかったはずです。

3 選択したテーマを実現させるための対話

広げた理想の中から3つほどを選び、「どうすれば実現できるのか？」について対話するなかで、「何を」「だれが」「いつ」「どうやって」など具体的な計画にまで反映されていきました。ミドルリーダーを中心に、「まず、やってみるのはどうかな？　やってみて考えればいいと思う」と試行実施をしていく提案が出てくる姿から、改めて真の課題は、「当事者意識を高める」ではなく、「当事者意識を発揮する時間の確

■理想の実現に向けた対話

保」だったと確信しました。
管理職の「信じて待つ」が功を奏し、この研修時間の確保がトリガーとなり、ミドルリーダーを中心に自走し始めました。

研修後のストーリー▶ミドルリーダーを中心に自走する組織に

■研修をきっかけに、教育活動の創造・チャレンジが活発に

研修日がトリガーになり、さまざまな教育活動がリデザインされていきました。「思考のコリがほぐれることで、新しい関係性が構築された」のです。日々忙しい毎日を過ごしていると、どうしても、新しい教育活動の創造やチャレンジをするきっかけがなかなかできません。しかし、長原小ではこの日を境に「ヴィジョンを実現させるためにはどうすればよいのか？」という、目的の問い直しと手段の再構築のサイクルが教職員のなかでうまれてきました。これが、思考のコリがほぐれた状態です。ヴィジョンを意識しながらサイクルをまわし続けるチームは強いです。
具体的な変化として
・子どもが主語の学びへのチャレンジ
・校内研究のアップデート
・40分授業の実施による放課後時間の創出
・子どもが自ら学ぶ「長原タイム」の実施
・職員室にフリースペース
・職員室にスタンドデスク
・長原チャンネル
・いらっしゃい長原の先生
などのチャレンジが起きました。
驚くべきは、これらがトップダウンで動いているのではなく、ミドルアップダウン、つまりミドルリーダーが中心となって動かしていることです。まさに自走する組織の芽が出たのです（図2-2）。

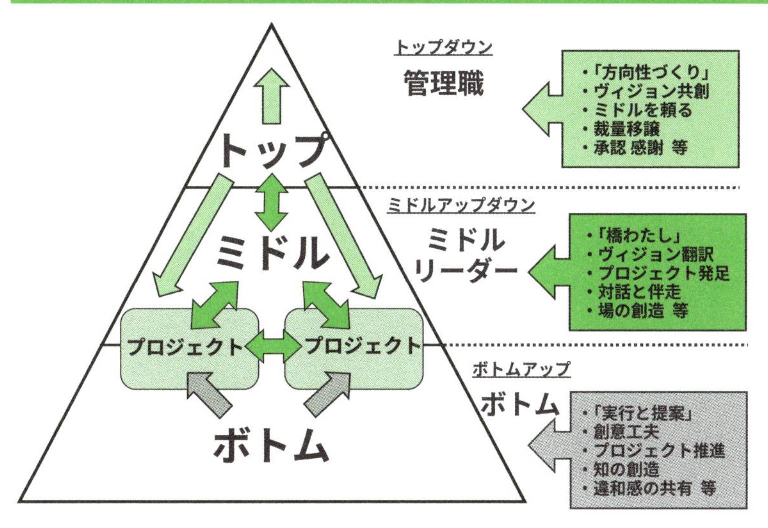

（野中郁次郎・竹内弘高著、梅本勝博訳『知識創造企業（新装版）』〈2020年、東洋経済新報社〉を参考に筆者作成）

図2-2　ミドルアップダウンマネジメント

■ヴィジョンの実現に向けた対話の場の確保が重要

ヴィジョンの共創においては、対話を通してヴィジョンをつくった後に、リデザインされた研修の場を確保し対話することまでが重要ということがこの事例からわかります。

「ヴィジョンをもとに、どのようなことをしたいのか？」の理想を描き、実際に具体をみんなで動かしていく。その結果、ヴィジョンがさらに自分事になり、サイクルが続いていくのです。**1.2**の研修の機能(4)で書いたように、「研修がトリガーになり組織開発のサイクルをうんだ」と言えるでしょう。長原小では次年度もサイクルが止まらずに、あらゆる改革が進んでいます。

事例校からの感想

わたしの尊敬する方の言葉があります。それは、「みんな考え方は違ってあたりまえ、大事なことは『対話』を通して、合意形成すること」。この「対話」こそが、組織を変えていくための必須ワードでした。本校にとっての「対話」のスタートは、４月１日の「学校開き」で毎年行う「えんたくんを使ってヴィジョンを共創したワークショップ」でした。

ここで最も大事にしたことは、異動してきた職員ともともといた職員が混在している大人のチームにとって、「何を言っても大丈夫な安心感」と「何だか楽しそうな期待感」を持つことでした。そのうえで、「学校教育目標」や「めざす子ども像」を「対話」を通して共有していきました。スタートラインに立った大人たちが、考え方はそれぞれ違っても、それぞれの個性を生かした学校づくりを合意したことで、「チーム学校」の礎が築かれました。

また、年度途中に開かれた「学校づくりワークショップ」では、これまでの研修の在り方をリデザインし、自由闊達な話し合いが展開されました。「どんな学校にしたいのか」を素直に出し合ったことが学校改善につながりました。「『できる』の反対は『やらない』」「とにかくやってみて、ダメならやり直す」をモットーに改革を進めました。そうすることで「安心感」と「躍動感」が生まれ、学校づくりに勢いがつきました。

こうして今、「目的」が共有され、「手段」が明確化した大人たちにとって、「自分が学校をつくるんだ」という「当事者意識」が何よりの武器となり、学校改革を推進する「原動力」になっています。

（大阪市立長原小学校校長　市場達朗さん）

４月１日の学校開きでは、「子どもも大人もいきいきしている学校」という学校教育目標をもとに、それを実現するにはどうすればよいかを教職員全員で話し合いました。「いきいきする」とはどういうことか。まず「笑顔、楽しい、学校に行きたくなる」などのキーワードが出てきて、さらに「失敗を恐れない、チャレンジする、大人も失敗していい、失敗しても大丈夫な安心の場をつくる」など、より具体的な行動目標が対話を通してうまれました。全員でゴールを共有したこの経験が、今でも私のいきいき過ごす原動力になっています。仮に教職員同士で衝突があったとしても、ゴールが共有されているので、ゴールにたどり着く方法はいくらでもある、だから大丈夫と思えるようになりました。

「学校づくりワークショップ」ではさらにその想いが強化され、みんな目指すゴールは同じという安心感を強めました。「失敗しても大丈夫、とにかくやってみよう、できる方法を考えよう」など前向きな思考がどの教職員にも備わってきたと思います。対話を通してゴールを共創することで、それぞれの教職員が自分の個性を生かし、子どもも大人もいきいきする学校づくりを進められるようになりました。

（大阪市立長原小学校主務教諭　小山真佳さん）

統合を機に、納得の再構築

福島県立いわき総合高等学校

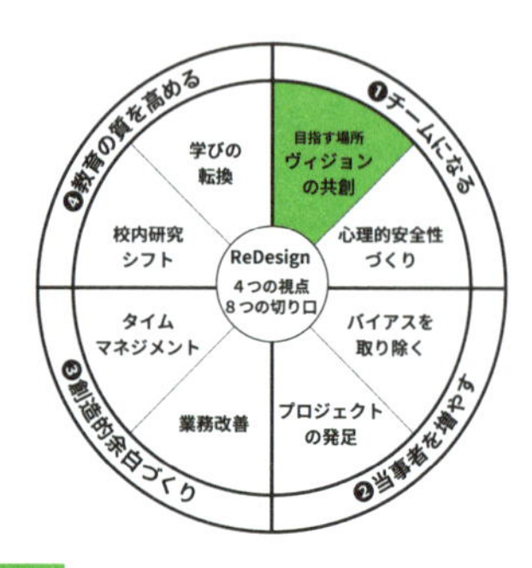

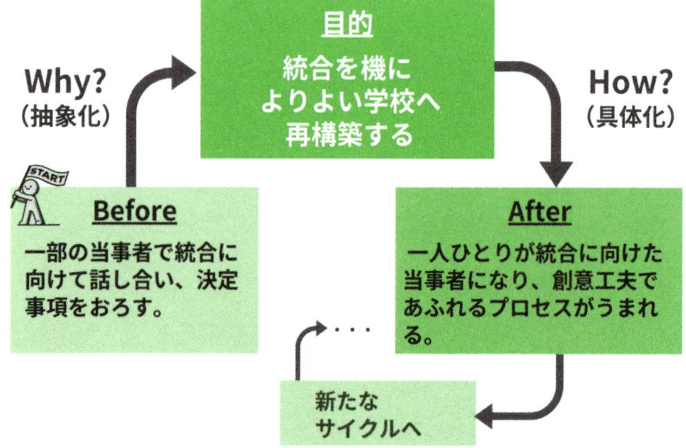

統合に向けた意識向上研修をリデザイン

対話を通して統合を自分事にし、よりよい学校にしたい

■統合後に混乱・対立が多発し学校が機能しなくなる例も

県立高校の統合となれば、「教育委員会主導で、管理職と一部の教員だけで決めていくんでしょ」などという声が聞かれることがあります。その方がスムーズに決まっていくのかもしれません。ただ、一部の当事者のみで検討されたシステムでは、統合後に混乱が生じることがあります。実際に統合を機に混乱が多発し、教職員間で対立がうまれ、学校が機能しなくなるというケースもあります。

■誰も経験したことがない統合に教職員の不安も

福島県立いわき総合高等学校の校長である小林さんは、2025年度に福島県立好間（よしま）高等学校との統合が決まった2023年度の段階で、「全教職員で対話をしながら、統合を機によりよい学校にしたい」と教職員へ語りました。関わるすべての方にとって統合が自分事になり、対話を通して納得解を見出していくプロセスを管理職として目指しました。

しかし、実際には統合を2年後に控えながらも、誰も経験したこともなくプロセスが想像できないため、教職員には不安が見られました。また、日々の教育活動もあるなかで、将来のことを考える余裕がないのも事実でした。

■問題の解決ではなく、価値の最大化を

真因を発見するために管理職と事前ミーティングを行ったり、ヒアリングを進めたりしました。そのなかで、「統合を機に“よさ”や“価値”が失われないかが不安」という声が多くあがっていることがわかりました。つまり、自分の学校を誇りに思っているのです。これが、「見えにくい部分に存在する真因」です。統合に対する後ろ向きな気持ちはなく、むしろ統合を機に価値が最大化できるように進めていきたいのです。「今あるよさや価値を最大化し、統合を機によりよくしていける」ということを実感できるような研修のリデザインが真の課題だったのです。

これを受けて、管理職と我々のなかで、「課題の解決ではなく、価値の最大化ができるような統合に向けた対話を行っていきたい。そして、それを機によりよいチームになっていこう」という方向性が固まりました。しかし、ただの研修の場にしてしまうと、大規模な組織のなかで価値の最大化を目指し、納得解を見出していく対話にすることは困難です。島根大学准教授の中村怜詞氏の助言も得ながら、「AI（Appreciative Inquiry）ワークショップ」という、価値の最大化を目指すプロセスを採ることが決まりました。

AIワークショップ

AIの「A」Appreciativeの意味は「価値を認める」、「I」Inquiryは「探究」です。Appreciative Inquiryを直訳すると、「価値を認めるための探究」となります。

一般的な問題解決のアプローチでは、現状把握と原因分析→問題設定→課題設定（解決するために取り組む方針）→具体的な実行プラン作成、というプロセスになることが多いです。ただ、このプロセスだと職員は自身のこれまでを否定された気持ちになることがあり、前向きに統合していくことが困難になるとも考えられます。

それに対してAIワークショップは、テーマを決める→Discover（発見）→Dream（理想）→Design（設計）→Destiny（創造）というプロセスです（図2-3）。

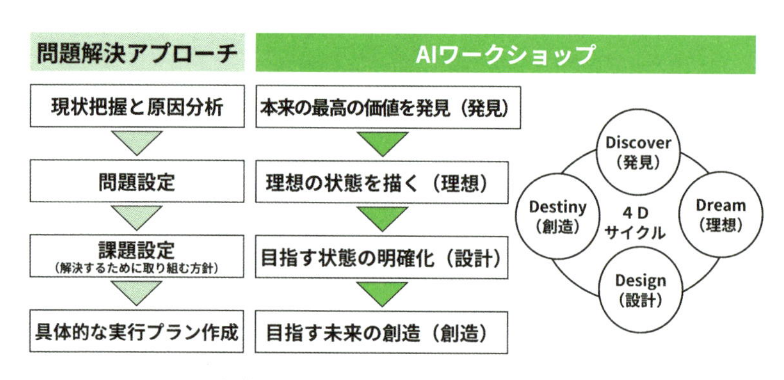

図2-3　一般的な問題解決アプローチとAIワークショップ

AIワークショップは長期スパンで行います。２年間で３回に分けて実施しました。２年間のうち、第１回をDiscover（発見）＋Dream（理想）、第２回をDesign（設計）、第３回をDestiny（創造）という流れで行うロードマップが、管理職との事前ミーティングで決まりました（図2-4）。

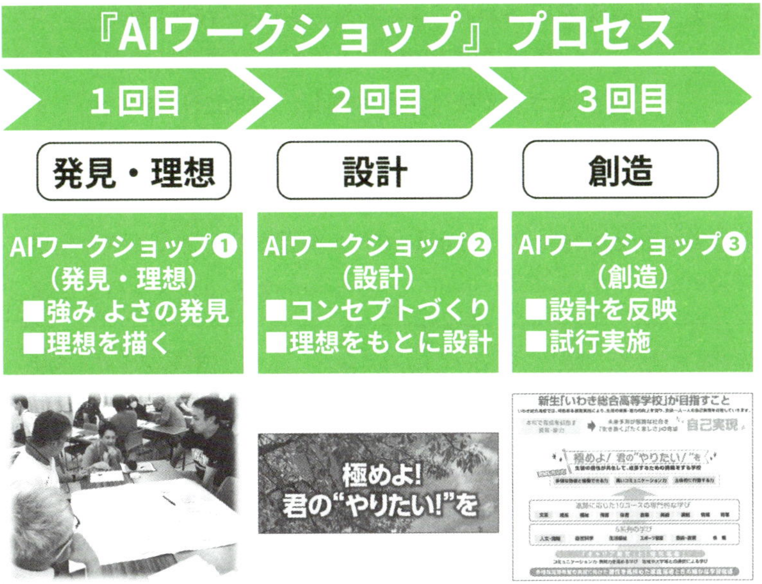

『AIワークショップ』プロセス

1回目	2回目	3回目
発見・理想	設計	創造
AIワークショップ❶（発見・理想）■強み よさの発見 ■理想を描く	AIワークショップ❷（設計）■コンセプトづくり ■理想をもとに設計	AIワークショップ❸（創造）■設計を反映 ■試行実施

極めよ!
君の“やりたい!”を

新生「いわき総合高等学校」が目指すこと

図2-4　AIワークショップの流れ

〈第1回共創対話 Discover（発見）＋Dream（理想）〉

●Discover（発見）

まずは、この学校の“よさ”や“価値”を発見するために「この学校のNICEなところは？」という問いへの考えを付箋に書いて出し合いました。4～6人のグループで、お互いの表情を見ながら行える場を設定しました。この日のグランドルールは「Yes, and～.」として、何を言っても大丈夫な安心感をみなさんとつくるよう投げかけてから始まります（※「Yes, and～.」については視点❷【バイアスを取り除く】笹目東小学校〈86頁〉参照）。

なんと合計300枚をこえる付箋が書かれました。この学校に対する誇りを改めて実感することができた瞬間です。それらをKJ法[*13]を用いて仲間分けして、ほかのグループと共有しました。「うちは、いい学校なんだな！」という声が聞こえるくらい、よい雰囲気ができあがっています。

メインテーマは「この学校のNICEなところは？」でしたが、グループをまわりながら、それ以外の視点として「この学校のことを紹介するときに“じまん”したいところは？」「時間があれば、じっくりやりたい“これぞ価値”と思っている活動は？」「この学校の活動で、生徒の今後の人生において真に価値のある教育は？」「あなたがこの学校の保護者や生徒だとしたら先生方にどんな感謝を伝えたい？」など、気づきを促す問いを投げかけました。

この対話のなかで、この学校で最も大切な“よさ”や“価値”とされているのは「自己実現ができる学校」であることがわかりました。これは後に学校のパンフレットにも大きく掲載されるフレーズとなりました。

●Dream（理想）

次に、“よさ”や“価値”を最大化、あるいは、さらに理想を広げるために「統合にあたり、もしも予算やこれまでどおりといった規制がないとしたら、あなたは校長先生としてどんな教育を行いたいですか？」という問いを投げかけました。このテーマには驚く表情も見られましたが、対話が始まるとまるで飲み会のようにゲラゲラと笑う声や、「私もそれやりたいと思っていたのよ！」などと共感する声があふれてきました。驚くことに、実に100個以上のアイデアが引き出されました。なかにはイラストで理想を表現する方もい

＊13　KJ法は、日本の文化人類学者である川喜田二郎氏が提唱した、アイデアの整理や問題解決のための手法です。①テーマに関連する情報、アイデア、意見を自由に出してそれぞれを付箋などに書き出し、②内容が似ているものや関連性のあるものをグループに分け、③それぞれのグループに名前をつけて共通点や特徴をまとめ、④グループ間の関係を整理します。

て、よりワクワクしてくるのがわかりました。

ある程度アイデアが出たところで、「思いの可視化ギャラリーウォーク」を提案しました。アイデアが書いてある紙を見えるように壁や机に貼り、一人ひとりがペンを片手に歩き回ります。そして、統合後すぐに実現させたい！というアイデアには「○」を、むずかしいけれど実現に向けて対話したい！というアイデアには「★」を書くように伝えました。そうすると、できるかどうかは後回しにしてとにかく広げた段階にもかかわらず、アイデアのなかから「これ、今年度中に試せるのでは？」と思えるようなものもたくさん見えてきました。

〈第2回共創対話 Design（設計）〉

●Design（設計）

前回の共創対話で、“よさ”や“価値”が見え、さらに理想とするアイデアを広げることができました。ここから設計の段階に移る際に、必要なものがありました。それは、学校として目指したいヴィジョンです。統合を機に再構築することは決まっていたものの、第1回で出されたアイデアから決めるよりどころがないということがわかったのです。管理職との事前ミーティングのなかで、「この学校が目指すヴィジョンのフレーズを、前回出した理想から共創しよう！」ということが決まりました。

全教職員で協力し、理想として広げたアイデアを集約しました。そのうえで、ヴィジョンフレーズを創造する対話を行いました（※ヴィジョン〈コンセプト〉フレーズの創造の仕方については視点❹【学びの転換】志村小学校〈145頁〉参照）。

その結果、いわき総合高校として「極めよ！君の“やりたい！”を――生徒の個性が共生して、成長するための挑戦をする学校――」という納得のいくフレーズに決まったのです。

そのフレーズをもとに、さまざまなシステムが決まっていきました。しかも、トップダウンではなく、各分掌の主任が自律分散的に意思決定していきながらです。目指すヴィジョンが明確になることで、質の高い対話や意思決定が可能になるのです。2024年度に着任した校長の太田さんがつくる職場の心理的安全性により、設計がより加速していきました。

〈第３回共創対話 Destiny（創造）〉

●Destiny（創造）

いよいよ、AIワークショップの最終章である創造のフェーズです。ヴィジョンも具体的なシステムもできてきたなかで、生徒が目指す指針となるルーブリック[*14]を再構築することになりました。担当である総合学科推進部主任の渡部さんとの事前ミーティングのなかで、「この学校として大事にしていく“自己実現”を叶えるようなルーブリックにしたい」という方向に決まり、「教師が与えるルーブリックではなく、生徒が描くルーブリック」にしていくことになりました。すると、渡部さんから「生徒が使うルーブリックなら、生徒も一緒につくるのはどうか？」という提案がありました。実際にこの共創対話の場には、全教職員に加え生徒が10名ほど、また県の教育委員会の方２名、そしてさらに、統合校の好間高校の校

■生徒も共創対話に参加

＊14　学習成果やパフォーマンスを評価するための基準や指標を具体的に示したもので、教師や児童・生徒が評価の基準を明確に理解し、公平かつ一貫した評価を行うために使用されます。

長先生も参加することになりました。

この場で、最低限身につけることはB規準としてルーブリックの表に示し、さらに目指したいA以上の規準に関しては「生徒自らが描く」ということが決まりました。いわき総合高校の「極めよ！君の“やりたい！”を――生徒の個性が共生して、成長するための挑戦をする学校――」に近づくアクションだったと実感しました。

事例校からの感想

現在、校舎の一部で改装工事が行われています。これまで、年次ごとに分散していた職員室を1つに集約するためです。共創対話において提案されたものです。また、校務分掌を統合し、図書部機能を総合学科推進部へ集約することとしました。本校の業務改善は道半ばですが、一歩一歩、共創の歩みを続けたいと思います。

先日、生徒会役員選挙の立会演説会が行われました。立候補生徒の演説に、私たち教職員も度肝を抜かれました。新生「いわき総合高校」を自分たちの手でつくっていこうという呼びかけが実に堂々たる態度で述べられ、冒頭の校長あいさつをはるかに凌駕する演説でした。具体的には、多くの生徒からのアイデアを募り、行事の充実や校則の見直しを進めたいと意欲あふれるものでした。「共創対話」で高まった主体性は、教職員だけでなく、生徒にもその波動が伝わっています。

これからも教職員と生徒で共創していきます。生徒と教職員がみんなで学校を変えている姿を、大野さんにも見てほしいと思います。

（福島県立いわき総合高等学校校長　太田隆明さん）

大野さんが関わってくださりリデザインした研修の私にとっての価値は、「自分も学校を変えられるかもしれない、目指す学校をつくることができるかもしれない」と教員になってから初めて思えたことです。

統合に向けて、同僚と考えたフレーズが実際にパンフレットに載せられたり、会議で目にしたり、耳にしたりする機会が増えるにつれ、その思いが確信に変わりました。最初は統合に消極的に見えた同僚も、前向きに向き合うようになっていったように感じています。

そして大野さんには、私が取り組みたかったルーブリック見直しについての研修に計画段階から関わっていただきました。着任して日が浅く、先生方とよくコミュニケーションがとれていなくてどうすればよいか途方に暮れているときに、救世主が現れました。大野さんが主導してくださった研修では、先生方一人ひとりの生徒に対する想いを知ることができました。

（福島県立いわき総合高等学校総合学科推進部主任　渡部久美子さん）

視点❶チームになる

心理的安全性づくり

認め合う、助け合う、高め合うチームに

兵庫県神戸市立白川(しらかわ)小学校

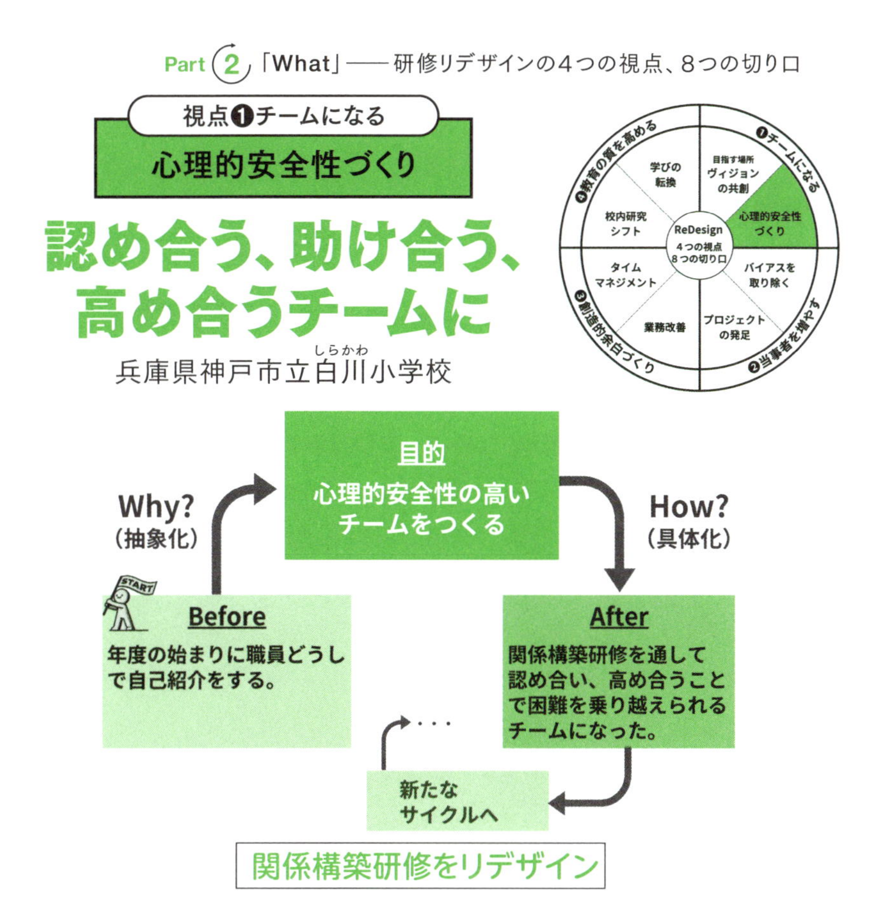

教職員が協働的に高め合える文化をつくりたい

■新年度の関係づくりが「自己紹介」のみで終わる

学校において新年度４月とは、新しい担当や新しいチーム、あるいは異動してきて新しく出会う方もいる時期です。そのような環境でチームとなり、よいスタートを切るためには、お互いの関係構築が欠かせません。もちろん、関係は一朝一夕でできるものではなく、共に歩むなかで強固に構築されていきます。

そのうえで、新年度のこれから共に歩み出すというタイミングでの関係構築の場は必須であり、多くの学校でそのような時間が多かれ少なかれ確保されています。この時間確保も、チームとなり協働関係となるための「研修」と捉えられます。

ですが、多くの学校では「自己紹介」をする場にとどまっているのが現状ではないでしょうか。なかには、アイスブレイク[*15]を実施することで、関係構築を図る学校もあると聞きます。ここで気をつけたいのは、アイスブレイクもきっかけとしてはよいのですが、内容次第では一過性の効果にとどまりやすいということです。

■子どもたちの関係構築のために、まずは教職員の関係構築から

神戸市立白川小学校校長の長﨑さんと研究主任の髙橋さんは、研修前の事前ミーティングで、研修の目的を「教職員が継続して協働的に認め合い、助け合い、高め合えるような文化をつくりたい」と確認しました。そこで、「ワクワクした学級開きを始めるための研修を通して、教職員どうしの関係構築にもなる研修にするのはどうか」という提案が研究主任の髙橋さんからありました。

子どもたちとの関係構築、子どもと子ども相互の関係構築をしていくうえで、まずは教職員の関係構築研修をすることで、豊かな協働が可能になると考えたのです。子どもの学びと大人の学びは「相似形」といわれます。同様に、豊かな対話であふれる職員室があれば、教室での豊かな対話であふれる教室が相似形で現れます。存在やチャレンジ、不安が承認される職員室があれば、それが教室でも同じように相似形で現れます。ですから、4月の子どもたちへの学級開き前に教職員で関係構築研修を行うことはたいへん有意義といえます。

■「学級開きをみんなでしませんか研修」の様子

---

*15　会議や研修、グループ活動などが始まるときに、参加者同士の緊張やぎこちなさをほぐし、リラックスした雰囲気をつくるために行われる活動やゲームのことです。

■忙しい時期だからこそ、少し先の未来のための「投資」を

「忙しい時期にそんな時間は確保できない」という声も聞きます。ただ、少し先の未来を思えば、この時間を確保することがむしろ余裕や余白を生み出すことになると考えることもできます。これを「投資思考」と呼ぶことにします。研究主任の髙橋さんの提案に対して校内の合意を得て、教職員のよりよい関係を構築していきながら、学級開き（もしくは授業開き）の研修にもなる一石二鳥の研修を行うことに決まりました。

豊かな学級開きを行うことで、子どもどうし、子どもと教師などの関係構築がしやすくなり、助け合える、学び合える学級集団にしていくスタートが切れると考えての研修です。

コンセプトと合言葉の共有

■よりどころとなる「コンセプト」とそれを体現する「合言葉」

この研修に入る前に、管理職や研究主任を中心に学校としてのコンセプトと合言葉の共有を図りました。白川小には大切にしている共通のコンセプトがあります（※コンセプトについては視点❹【学びの転換】志村小学校〈145頁〉参照）。

それは、「自己決定　ともに一歩前へ」です。前年度末の教育評価のなかで「受け身の子どもたちが多い」ということがわかり、「主体的に学ぶ子どもたちにしたい」という課題が見えたためにできたコンセプトです。これは、教育活動全体、さらには校内研究などすべてを一貫してとらえられるフレーズで、常によりどころとなる「コンパス」のようなイメージです。

コンセプトをもとに校内研究・研修もリデザインしたいと考えた研究主任の髙橋さんは、「主体的に生きる力を育成するために、子どもも教師も自分から学ぶ集団へ成長したい」と教職員全体へ伝えました。そして、そのコンセプトを体現する合言葉として「ええやん！」を掲げることを提案しました。これは、多様な子どもたちの考えや自己決定を承認する「ええやん！」であり、チャレンジしたことが尊いからこそ失敗しても「ええやん！」であるなど、心理的安全性[＊16]を高める合言葉です。

「学級開きをみんなで考えてみませんか？」研修

研修までに行った事前ミーティングのなかで、研修の目標が

・教職員が「何があっても大丈夫」と安心して学級開きを行えるようにしたい
・教職員どうしが困ったらいつでも相談できるような関係構築を図りたい

という２つにまとまりました。つまり「職員室の心理的安全性を高めたい」という方針です。そうすることで、白川小が掲げる「自己決定　ともに一歩前へ」というコンセプトの実現を図れると考えたのです。研修のタイトルを「学級開きをみんなで考えてみませんか？」と題して当日を迎えました。

研修の内容は、

1 エンカウンターゲームの体験
2 それぞれがもつ宝（経験）の共有
3 学年や担当ごとの学級開き対話

＊16　心理的安全性とは、組織行動学を研究するエドモンドソンが1999年に提唱した心理学用語で、「チームの他のメンバーが自分の発言を拒絶したり、罰したりしないと確信できる状態」と定義しています（エイミー・C・エドモンドソン『恐れのない組織――「心理的安全性」が学習・イノベーション・成長をもたらす』2021年、英治出版）。メンバーどうしの関係性で「このチーム内では、メンバーの発言や指摘によって人間関係の悪化を招くことがないという安心感が共有されている」ことが重要なポイントです。心理的安全性が高い状況であれば、質問やアイデアを提案しても受けとめてもらえると信じることができ、思いついたアイデアや考えを率直に発言することができます。

の3つをワールドカフェ方式[＊17]で進めました。この日のゴールは、「学級開きの学びを通して、職員室の心理的安全性を高める」でした。そのため、最終的には職員どうしの関係のコリをほぐし、さらに豊かな関係を構築することをミッションとしていました。

1 エンカウンターゲームの体験

「構成的グループエンカウンター」の手法を用いたゲームです。これは、グループのなかでお互いの意見や感情をオープンに共有することで、自己理解や他者理解を深めることを目的としたものです。これにより、参加者は自分のことをもっとよく知り、他の人との関係をよりよいものにしていくことができます。もちろん一朝一夕で関係ができるわけではありませんが、この体験が自分や他者への気づきをうみ、豊かな関係構築につながります。学校における学級開きや授業開きなどではよく実施されている手段です。

白川小では、子ども向けに行うようなエンカウンターゲームを、まずは大人が体験してみることにしました。そうすることで、学級開きを考えることになるとともに、教職員どうしの関係を構築することにもなると考えたのです。

(1)「ちょっとキセキの共通点探し」

3～5人のグループで「ちょっとだけ、キセキの共通点」をテーマに対話をします。たとえば「好きなスポーツは？」とグループメ

＊17　グループディスカッションの方法のひとつで、参加者同士が自由に意見を交換し、共創的なアイデアをうみ出すための手法です。①参加者を複数のテーブルに分けて、それぞれでディスカッションを行い、②一定時間が経ったら参加者はテーブルを移動し、前のグループでの議論内容を共有しながらディスカッションを続ける……というプロセスを繰り返します。③最終的に全員が集まって、各テーブルで得られたアイデアや意見をまとめます。

ンバーの一人が問います。そこで、グループメンバー全員が同じスポーツ（たとえば「バスケットボール」など）を答えたら成功です。成功したら拍手をするというルールにしておくと、場が盛り上がり一体感がうまれます。１つ見つけたら、２つ目、３つ目を探します。ちなみに「人間ですか？」などの必然的に全員が一致してしまう問いはNGです。

このゲームのポイントは、「友だちの話を聴く姿勢を価値づけること」です。学級開きで大切にしている「意図」もセットで伝えていきます。楽しいエンカウンターゲームをしながら、学級経営で重要な「聴く」を価値づけることでルールも固めていくことができます。教職員自らが子ども目線で楽しく学級開きの押さえどころを学んでいきます。

(2)「かぶっちゃやーよ」

３～５人のグループで行います。示されたお題に対して、「ほかのグループとかぶらない言葉」を考えるゲームです。考えた言葉をグループごとにホワイトボードに書き、一斉に共有したときにかぶっていなければ成功というルールです。今回は「春といえば？」というお題で各グループで考えました。結果として「ふきのとう」「出会いと別れ」「花見」など、どのグループもかぶらずに成功できました。このゲームでは、ウェビングマップ[＊18]をつくってお題の「春」から連想し、広げていくように説明しました。ホワイトボードの中央に「春」と書き、そこから自由に連想したことをグループごとに書いていきます。

＊18　情報やアイデアを視覚的に整理し、関係性を明確にするための図です。アイデアを関連づけて整理する際に使われるツールで、各要素が線でつながれたウェブのような形になります。

ここでのポイントは、「友だちの考えに自分の考えをつけ足していく対話」です。協働的な学びとは、楽しく、そして学びを豊かにしてくれるものであり、学校の意義のひとつであると考えます。「この1年間、このメンバーと学んでいくのが楽しみ！」と思えるように、このゲーム内の対話を価値づけていきたいと伝えました。教職員からは「この対話は授業のいろいろな場面で生かせそうだ！」という気づきもうまれていました。

2 それぞれがもつ宝（経験）の共有

1 のエンカウンターゲームなどの学級開きのアイデアは、それぞれの教職員もたくさんもっています。それは宝物のように価値があり、職場のなかで共有することが重要だと考えました。

「これまでに行ったことのある、もしくは知っている学級開きに関するアイデアを共有しよう！」という声があがり、付箋に書いて出し合いました。すると、「わたしもそれよくやる！」や「それ何？教えて！」など、さっそく協働がうまれていました。

3 学年や担当ごとの学級開き対話

1 の体験、2 のアイデアの共有を経て、学年や担当ごとに実際に行う学級開きの計画に入りました。実際に多くの学校では、少なからず学級開きについて触れるものの、じっくりと学年や担当で対話することは少ないと思います。必ず行うことであるにもかかわらず、多忙により後回しになりがちです。

SNSで、学級開きの前日の日曜日に「休日出勤で準備Now」とあるのを見て、学級開きの準備を休日に孤独に行うような方もいらっしゃるとわかり、話題になりました。重要なのに、後回しになってしまっているのです。ですから、全員で研修として行うことで救われる教職員は多いはずです。

研究主任の髙橋さんより、全教職員に４月の初日から１週間のスケジュールが共有されました。それぞれの具体的な計画を立てます。ここで重要なのは、「方法は一人ひとり異なっていい」ということの確認です。教職員それぞれにカラーがあります。「そろえる」という行為は、安心につながる場合もあれば、個性をつぶすことにもなりうることを認識したいです。

同じ学年であっても、あくまで個人の学級開きの準備をすることを確認しました。ただ、子どもの学びと同様で、個人の準備だからこそ、協働的に準備をすることが重要だと考えます。「ええやん！」を合言葉に、知恵を共有し生かし合いながら、個人の学級開きをよりよくしていく対話で充実した場となりました。

■学級開きのアイデアの共有

「ええやん研修」の発足

■課題に応じてワクワク学べるチームをつくる

よいスタートが切れたとしても、１ヵ月も経てばそれぞれに問題が出てきます。問題が出ること自体は当たり前なのですが、それを解決できずにそのまま過ごすことはリスクが大きいです。

そこで、その解決に向けた課題に応じて学べる場やチームが必要ということになり、今、一人ひとりが最も学びたいワクワクすることで集まったチームで数ヵ月単位で探究していく研修（「ええやん研修」）を始めることにしました。子ども向けはもちろん、教職員どうしも相似形で大事にしたいと考え、そのようなネーミングになったのです。研究主任は「まるで子どもの係活動のように、チームごとにワクワクと探究しましょう！」と教職員に伝えていました。

事前にスプレッドシートで「やってみたいこと（want）」や「困っ

ていること（need）」を出しておき、そのなかから研修当日に全員でマグネットテーブル＊19という方式で決めました。マグネットテーブルを通して、「オモロー授業やってみたい！（子どもと共創する単元計画）」「個別最適な愛（特別支援）」「H愛S（自主学・家庭学習）」「ICT（子どもと教師のICT利活用）」「学びのチョイス学習」の5チームができました。ユニークなネーミングを各チームで話し合うことを通して、より帰属意識が高まっていきました。

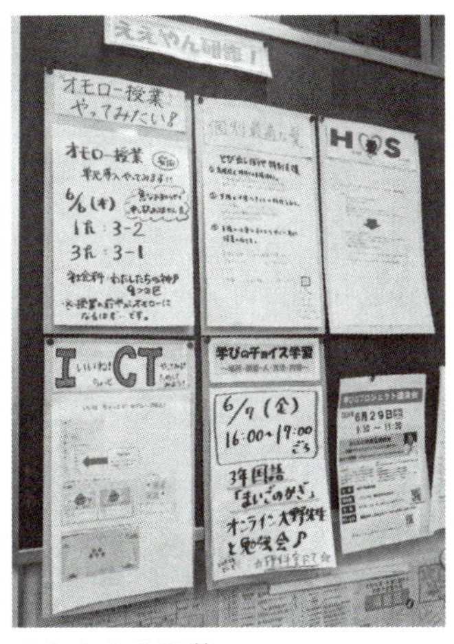

■ええやん研修

課題の多くは、教職員が日常において切実に解決したいと思っています。それを個人で解決することもいいのですが、近い、もしくは関連する課題意識をもつ教職員でチームをつくり、協働的に解決していく方が、よりよい解決につながると考えます。

「ええやん研修」には、月１回「待ち合わせ場所」として集まる場が設定されています。そこで、それぞれが実践したことや悩みを共有したり、作戦会議をしたりします。その場があることで、継続でき、また、新たなチャレンジがうまれます。

■授業改善に特化した学びの場「まな研」の発足

「ええやん研修」は自らの関心によって学べる場ですが、もうひとつの学びの場がうまれました。「まな研」という、教師の本業である授業改善に特化した学びの場です。「ええやん研修」で広げ、「ま

＊19　磁石やマグネットシートを使ってアイデアをテーブル上に貼り付け、自由に移動させながらアイデア同士を組み合わせたり、新たな発想を促したりする手法です。

な研」で高めていくというイメージで、両輪を動かしていきます。この2つは両輪でありながら、相互によい影響を与えます。

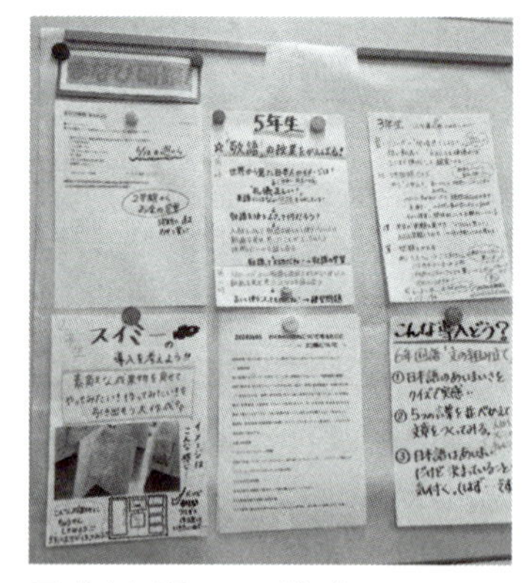

■「まな研」での学び

ただ、研修を増やすと負担も増えてしまうことを考慮して、まな研は隔月で実施することになったそうです。また、代表授業（研究授業のような場）はせず、指導案の形式は自由でメモでもよいという、無理のない形で実施しています。１人１回は授業を公開しますが、ラフに観合えるように、OJT担当が観合う習慣を設けたとのことです。

研修後のストーリー▶心理的安全性のある、高め合えるチームに

1.2 研修の機能(3)で触れたように、研修は学校課題に向き合う当事者をうみ、関係性を再構築します。もともと雑談が絶えない職場でしたが、心理的安全性が高まったことでより深く質の高い対話ができるようになったと感じています。まさに、関係のコリがほぐれるとともに、深く質の高い対話により思考のコリもだんだんほぐれていきました。それまで当たり前と思っていたさまざまな教育活動を問い直し、「ええやん研修」を中心に、リデザインが起こっていきました。コンセプトを意識しながら、サイクルを回し続けるチームは神戸市のモデルとして他校への横展開のフェーズに入っています。

事例校からの感想

子どもも先生もワクワクする学校にしたいと思いながらも日々の仕事と育児で精いっぱい。「私なんかに学校を動かすなんて……」と諦めてい

ました。でも、大野さんや職場の先生たちと研修などで対話をしていくなかで、「できなくてもいい」「まずは試すことが大事」と感じるようになってきました。

子どもたちに主体的に学ぶ子になってほしいと思うなら、まずは先生たちから。まずは自分から。校内研修の名称もお互いのチャレンジを認め合える雰囲気にしていきたいという思いを込めて、「ええやん研修」に変えました。率先して公開授業をする先生や、「ええやんポスト」をつくって、子どもたち同士のええやんと思う行動をお昼の放送で流してくれる先生、「学びをチョイスできる場面」を意識した授業をする先生など、動き出してくれる先生がいて、嬉しい限りです。先生たちは、一人ひとり経験も価値観も違います。だからこそ、おもしろいと思います。コンセプトの「自己決定」を意識して、対話を重ねていきたいです。

（神戸市立白川小学校研修担当　髙橋奈美さん）

4月2日からスタートした研修は、大野さんのアドバイスや研修主任のリードにより充実したものになっています。今年度他校より異動してきた先生もワイワイと賑やかな研修でスタートしたことで、すぐに気持ちがほぐれ、チーム白川の一員になっていただけたように思います。

その後もやりたいこと別の研修なので、皆、実に楽しそうに研修しています。やりたいことにはワクワクして取り組むのは大人も子どもも同じだなと改めて気づきました。大野さんから「相似形」という考え方について教えていただきました。まさに相似形です。主体的な子どもを育てたいからまずは教師が主体的にと、楽しそうにチャレンジしている先生とともに、子どもたちも楽しそうに学習しています。

いろいろな話し合いの場で、コンセプトとした「自己決定」という言葉が出ることも嬉しく思っています。「ともに一歩前へ」を実現させている先生たちに感謝の気持ちでいっぱいです。

（神戸市立白川小学校校長　長﨑康子さん）

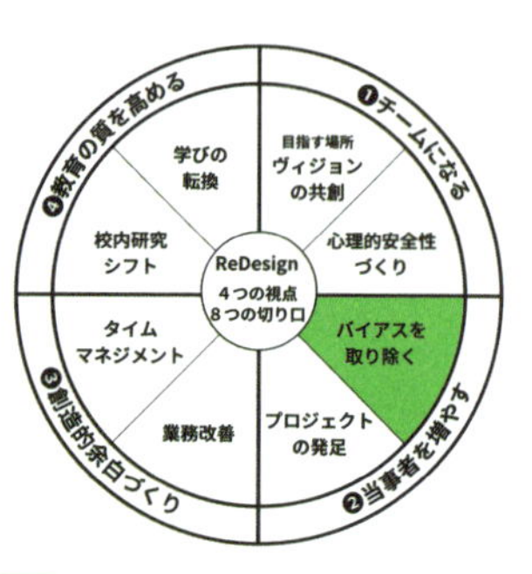

一人ひとりが自ら成長し続ける組織に

埼玉県戸田市立笹目東小学校

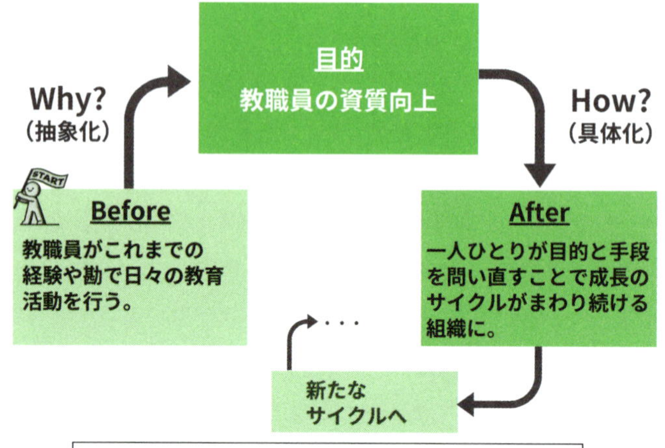

教職員の資質向上研修をリデザイン

バイアスを取り除いて教職員の「〜したい」を解放したい

■教職員の実践意欲をさらに高めるトリガーが見えない

戸田市立笹目東小学校では、2023年度の重点目標として「実社会で生きて働く力（コンピテンシー）の育成――対話にもとづく学校の創造」を掲げています。事前ミーティングを通して、管理職の方の信じて任せるマネジメントの在り方にわたし自身が学ぶことばかりでした。校長の片岡さんは「小学校担任時代に行った、『信じて任せる』という学級経営で大事にしてきたことをやっているだけです」と語ります。それがすでに体現された、ミドルリーダーが駆動する学校がここにあります。

この学校では校内研究発表を年度末に控えていました。それもあり、教職員の実践意欲に火をつけるトリガーとなる研修の必要があると考えていました。しかし、さまざまなインプットの機会がすでに充実している学校であるがゆえに、トリガーが見えない状態で「どのような打ち手であれば、より火がつくのか」と模索しているところでした。

■真の課題は「バイアスを取り除くこと」だった

事前ミーティングやヒアリングを通して、「バイアス（くわしくは**1.1**参照)」がストッパーになり、教職員それぞれが本来もっている「〜したい！」というwant toが解放されきっていないことがわかりました。これが真因です。そのため、研修日には思考のコリをほぐすべく、対話を通してバイアスを取り除くことになりました。まさに**1.2**の研修の機能(2)でお伝えした「研修は、思考を刺激し、対話を誘発することで、個人の内省を促す」が起こったのです。

バイアスを取り除く研修

内容としては、

1 インプット「思考や行動の形成」
2 バイアス探し
3「ササヒガプロジェクト」決め

という流れで行いました。思考のコリをほぐし、最終的にはそれぞれが学びたいことにつなげるササヒガプロジェクトを決めるのがゴールです。

1 インプット「思考や行動の形成」

思考や行動がどのように形成されるのかを、教員7年目の2人の先生の例（**図2-5**）をもとに解説しました。

別の学校で初任者として勤務していたA先生とB先生は、それぞ

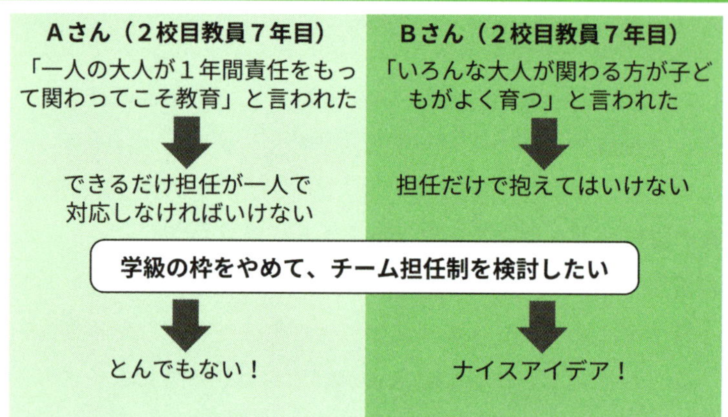

図2-5　思考・行動の形成の流れ（弊社代表澤田氏作成資料をもとに筆者編集）

れの学校で担任の在り方について上司から指導されたことが異なります。

A先生は上司から、「一人の大人が1年間責任をもって関わってこそ教育」と指導されます。すると、A先生は「できるだけ担任が一人で対応しなければいけない」と思い込みます。これがバイアスです。一方B先生は、「いろんな大人が関わる方が子どもがよく育つ」と指導されます。するとB先生は「担任だけで抱えてはいけない」と思い込みます。これもバイアスです。どちらがよいかという議論ではなく、どちらもバイアスとして思考や行動として形成されたわけです。

その2人の先生が6年後に同じ学校で勤務することになりました。そこで校長先生が職員会議で「学級担任の枠を取りはずし、学年担任制（チーム担任制）を検討したい」と言ったとします。するとA先生、B先生はどのような反応をするでしょうか。

推測ですが、A先生は「とんでもない考えだ」となりやすく、B先生は「ナイスアイデアだ！」となりやすいのではないでしょうか。

つまり、対立とはこのような構造で起きるということです。

ここで重要なのは、「だれも悪くない」というスタンスです。それぞれが大事にしていることでもあるため、どちらがいいかという対立の議論にせず、それぞれの背景やきっかけ、思い込みなど見えにくい無自覚な部分を深掘りしていけるような対話を通して、バイアスを自覚化していくことが重要なのです。

むしろ、それぞれの背景やきっかけを共有することで、A案vsB案という構造にならず、C案という新たな考えが創造されるかもしれません。「対立から、対話へ」。このような豊かな対話でこそ、思考のコリがほぐれていきます（図2-6）。

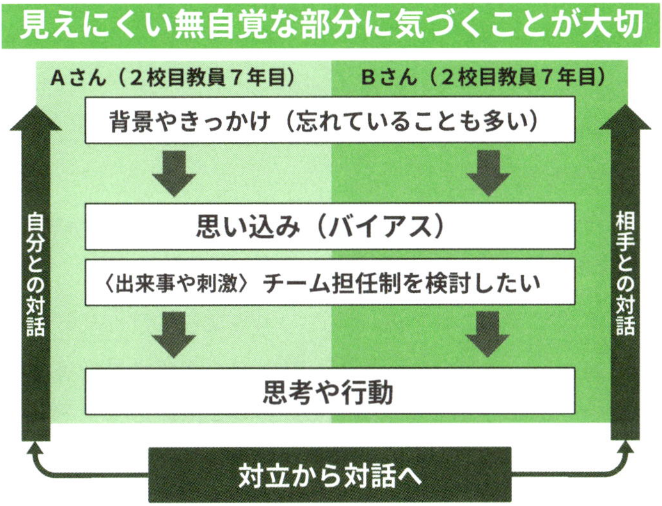

見えにくい無自覚な部分に気づくことが大切

Aさん（2校目教員７年目）　Bさん（2校目教員７年目）

背景やきっかけ（忘れていることも多い）

↓

思い込み（バイアス）

〈出来事や刺激〉チーム担任制を検討したい

↓

思考や行動

自分との対話　相手との対話

対立から対話へ

図2-6　バイアスを自覚し、対立から対話へ

2 バイアス探し

バイアスに自覚的になった後は、ランダムのグループになり、「バイアスかもしれない？と感じることを思いつくだけあげてみましょう！」と、デジタル付箋を活用し、みんなで出し合いました。グラ

ンドルールはたった1つ。「Yes（承認），and～（意見、質問、提案など）.」です[20]。この時間はジャッジをせず、出た意見に対して「いいね♪」「なるほど！」とまずは「Yes」で受け取り、「and～」で質問や考えを述べるのはOKとしました。すると、おもしろいくらい意見が出てくるのです。この最中に「それ、わたしも同じこと思ってた！」と、同じ職場で長く過ごしてきた仲間なのに、まるで新しい出会いがあったかのような嬉しい気持ちになることがあります。何を言っても大丈夫な関係性が再構築されることを通して、関係のコリもほぐれていくのです。

バイアスに自覚的になると、まるで「新しい景色」を見ている感覚になります。これまでと同じコトを見ているのに、なぜか新鮮で、かつワクワクしてきます。バイアスを取り除くというのは、新しい景色を楽しむことなのかもしれません。

3「ササヒガプロジェクト」決め

バイアス探しの後は、ササヒガプロジェクトを決める対話です。日頃子どもたちに「PBL（プロジェクト・ベースド・ラーニング）」[21]として主体的に学ぶことを投げかけているなら、自分たち大人もそれを味わおうというのがササヒガプロジェクトの趣旨です。研究主任の土信田さんのガイダンスの後、「どんなことをやりたいのかを自由に出し合いましょう！」というかけ声と共に、それぞれのwant toがあふれ出しました。

＊20　この「Yes,and～.」は、島根大学の社会教育主事講習の場で、豊田庄吾さん（広島県三次市教育委員会所属）が提示してくださった際に共感し、多用しているグランドルールです。

＊21　PBL（Project-Based Learning）は、プロジェクト学習のことです。具体的なプロジェクトに取り組みながら学びを深めていきます。また、PBLは「課題（問題）解決型学習」（Problem-Based Learning）という意味で使われる場合もあります。

そこで出てきたものから、●音楽会PT（プロジェクトチーム）、●ササっこ祭りPT、●職員室カフェPTの３つのチームができ、これらを「大人のPBL」と呼ぶことにしました。バイアスが取り除かれることで、新しいことをするのはむずかしいという「変化をおそれる気持ち」や「将来に対する不安」を払拭することができました。そして、「こんなこともやっていいんだ！」と、大人がさまざまなことにチャレンジするようになっていきました。

研修後のストーリー▶成長のサイクルがまわり続ける組織に

校内研修を中心として、思考のコリがほぐれ、個人の内省が繰り返されることで学校が躍動し始めました。「実社会で生きて働く力（コンピテンシー）の育成――対話にもとづく学校の創造」という重点目標につながるアクションがうまれていくのです。

■校内研究の改革と共に働き方改革も進む

校内研究の改革のみならず、笹目東小では働き方改革も教頭の崎山さんと副研究主任の花野さんを中心に進みました。たとえば、時程を変更することで放課後の余白を大きくうみ出したり、地域や保護者の力を借りながら教員が授業準備に注力できるようにしたりなど、合意形成しながらたくさんの改革を推進していったのです。

時間外労働も非常に少なく、夕方６時以降に残っている教職員はほとんどいません。質の高い教育活動を追求しながら「働きがい」も高め、働き方改革をしながら「働きやすさ」も高めていく組織になったのです（図2-7）。

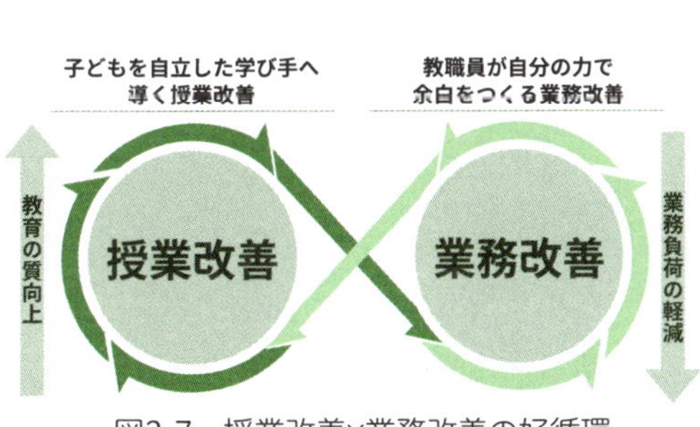

図2-7　授業改善×業務改善の好循環

事例校からの感想

昨年度、本校で対話の時間を設定し、大野さんに助言をいただきながら職員のバイアスを取り除く時間を設けました。すると、教職員全体の心理的安全性につながっていったので、誰でも思い切った意見を言える雰囲気ができました。また、勤務時間に対する考え方が変わり、仕事内容を精選するようになりました。昨年度に対話の時間を受け、今年度初めには「校内研修コンセプト」という判断基準を決めたことにより、全職員が同じ方向を向き、納得感をもって校内研修に取り組めるようになりました。また、子どもを主語として学びが展開されるようになり、校内研修が子どもたちに還元されてきています。

本校がトップダウン型からボトムアップ型の組織に移行していくなか、今年度は夏休み明けから、所属している中学年ブロックで「チーム健康」という有志の部活が発足し、休憩時間中1日５分間程度筋トレを行うようになりました。そして、「異動する時はうちの学校いいよ！」「早く帰れるようになったので『お母さん、笹目東小に転勤してくれてありがとう』ってうちの子が言ってくれるんです」と笑顔で話す教員も現れています。　　　　　　　（戸田市立笹目東小学校研究主任　花野嘉則さん）

バイアスを取り除くことからスタートした昨年度の校内研修。誰のために何のために私たちは働いているのかを改めて問い直し、「子どもたちのために授業や働き方を変えていこう」「私たち自身がわくわく仕事をすることで、教室の学びもわくわくしたものにしよう」と常に職員同士で対話をしながら校内研修を進めてきました。今年は、自分たちで外部講師を呼んでホンモノから学ぶ機会をつくったり、VRを授業に取り入れたり、教科の本質について自分たちで突き詰めたりと、教師がやりたいことを追求する校内研修へとシフトしていきました。教師の学びと子どもたちの学びは相似形であることをこれからも学校全体で体現していきたいです。　　　　　　　（戸田市立笹目東小学校教頭　崎山英則さん）

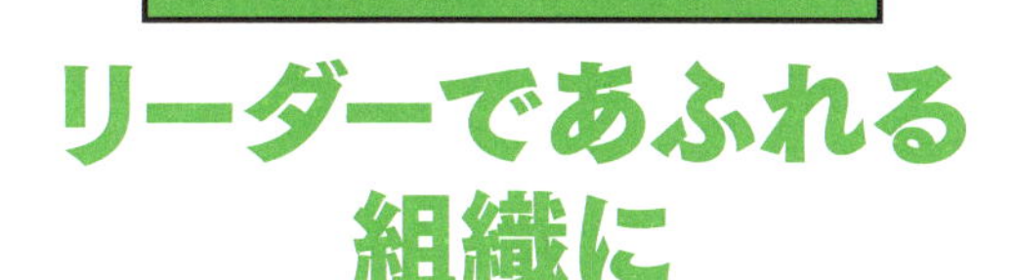

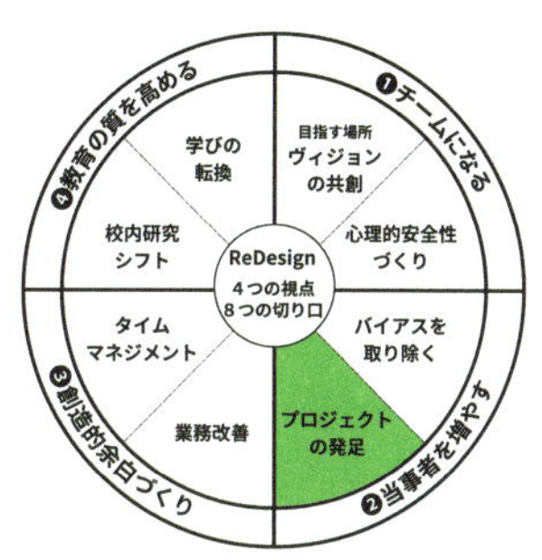

リーダーであふれる組織に

東京都練馬区立石神井台（しゃくじいだい）小学校

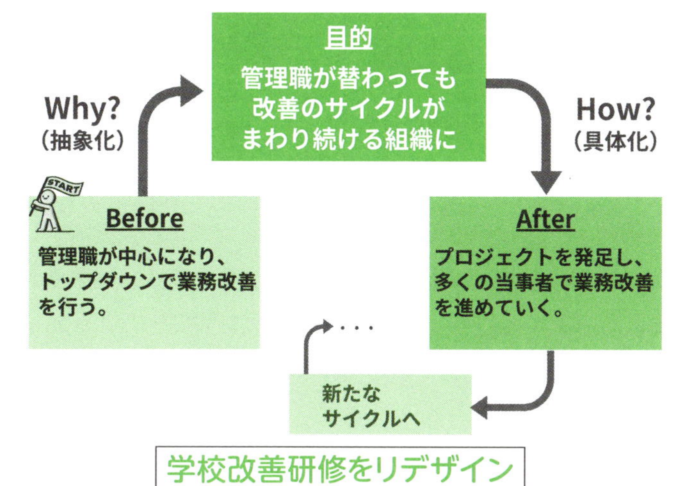

当事者を増やし、改善のサイクルをまわしたい

■トップダウンの改善は当事者がうまれにくく元に戻りやすい

学校改善をしていくのであれば、トップダウンが一番早いです。しかし、「押し通す」で進めた改善は、「押し戻す」がいずれ起こりやすいという副作用があります。そのため、ボトムアップで改善を進めたいと思う管理職の方が多いのは妥当といえます。

ボトムアップといえばきれいに聞こえますが、簡単ではありません。当事者といわれる、「自分事として学校課題を捉え、改善に向けて主体的に行動できる」人材が必要だからです。学校によっては、「うちの学校には、当事者としてのミドルリーダーがいなくて困っている」という声もたくさん聞きます。どうしたら、当事者がうまれるのでしょうか。

■真の課題は「校務分掌をこえた対話の場づくり」

校長の町田さんは年度当初に、「どんなことをしたいのかを提案してください」と1人1枚の紙を教職員に配付しました。カリスマ型リーダーシップを発揮するのではなく、あくまでも多くの当事者をうみながら進めるシェアドリーダーシップに徹しました（図2-8）。

一般的にリーダーといえば、チームの先頭に立ってメンバーに指示を出したり、周囲を巻き込んで組織を引っ張ったりする人を連想するかもしれません。あるいは、管理職や経営者など「組織のトップ」をイメージするかもしれません。こうしたイメージは、1970年代半ばにロバート・ハウス（R.House）らによって提唱され浸透していた「カリスマ型リーダーシップ」に由来すると考えられます。

一方、シェアドリーダーシップの考え方では、「リーダー」とはある特定の人物を指すものではありません。一人のリーダーのリーダーシップに頼るのではなく、「職場（やチーム）のメンバーが必要なときに必要なリーダーシップを発揮し、誰かがリーダーシップを発揮しているときには、他のメンバーはフォロワーシップに徹するような職場（やチーム）の状態」を指します（石川淳『シェアド・リーダーシップ――チーム全員の影響力が職場を強くする』

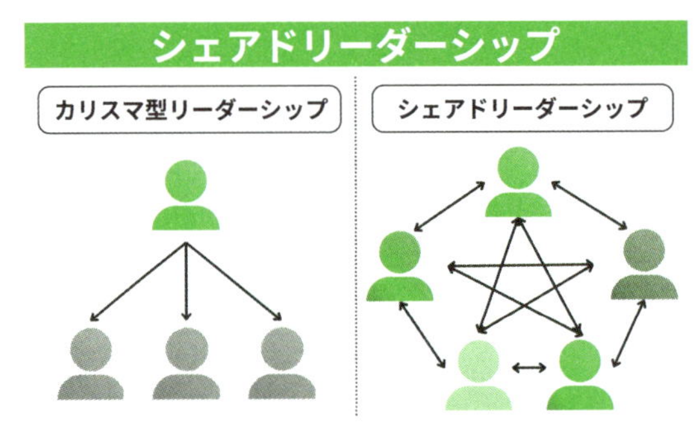

図2-8　カリスマ型リーダーシップとシェアドリーダーシップ

2016年、中央経済社、カッコ内は筆者補足)。主な特徴としては、「メンバーのそれぞれが必要なときに必要なリーダーシップを発揮している」「誰かがリーダーシップを発揮しており、それが適切と感じたときには、他のメンバーはフォロワーシップに徹する」「リーダーとフォロワーの流動性」の３つがあげられています。

■校務分掌だけでは当事者がうまれにくい

石神井台小でいえば、時程や日課表の見直しであれば教務主任の廣幡さんがリーダーシップを発揮し、校内研究のアップデートであれば研究主任の二川さんがリーダーシップを発揮します。

多くの学校では各教職員に校務分掌が振り分けられているため、これは実現が容易に見えます。しかし、校務分掌の仕組みには当事者がうまれにくい２つの側面があります。１つ目は、縦割りで校務が分掌されているため、引き継ぎ資料をもとにした前例踏襲に陥りやすい側面です。２つ目は、他の分掌メンバーと思考や思いが共有されず、ブラックボックス化されるため対立しやすいという側面です。そのため、既存の校務分掌の在り方では改善をしていくことが困難な場合が多いのです。

「大まかな合意形成を提案する」研修

石神井台小ではまず、業務改善のアイデア出しをするワークショップを教務主任の廣幡さんを中心に行いました。出されたアイデアのなかには、じっくりと改革や施行実施の方法の在り方を検討していく必要があるものもあり、それをプロジェクト型で進めていくための「大まかな合意形成を提案する」研修の実施が事前ミーティングで決まりました。この研修を通して、これから先、プロジェクトごとに進めていく見通しがもてるようになることを意図してのことです。内容としては、

1 他校の事例共有
2 プロジェクトの選択とチーム決め
3 大まかな合意形成の提案
4 計画
という流れで行いました。

1 他校の事例共有

他校でプロジェクト的に学校改善を行っている事例を共有することで、裁量権を広げられるような引き出しを増やしていきました。ある意味、バイアスを取り除く作業といえるかもしれません。思考のコリとしてのバイアスは、他校の事例を知ることで「そんなこともできるのか！」とほぐれることがあります。他校を知ることで、自分の学校を俯瞰し、改善の糸口を見出すことができるのです。

石神井台小では、文部科学省が作成した『全国の学校における働き方改革事例集』を検索して事例を調べ、「全国には、たくさんの事例がある。うちの学校でできそうなものを探っていきたい」と前向きに共有する教職員の姿がありました。また、「区内の別の小学校で○○を実施しているところがあるそうですよ」と身近な学校の事例を共有する姿もありました。

この２つの事例は、それぞれ価値があります。前者の全国の他自治体の事例は可能性を広げてくれます。そして後者の同じ自治体の事例は実現の可能性を高めてくれるのです。

2 プロジェクトの選択とチーム決め

業務改善のアイデア出しをしたなかで、「宿題」「校内研究」「給食ローテーション」「掃除」「担任制」「日課表」「校則」の７項目についてプロジェクトとして進める必要があると判断しました。その７項目のなかから自分がプロジェクトテーマにしたいことを１つ選び、数人のメンバーでプロジェクトチームを組んだらスタートです。

このチーム決めでは、「係活動のように、ラフに選びましょう！やってみてダメだったら、解散もOKです」といったアナウンスが教務主任の廣幡さんからありました。その結果、失敗しても、困っても大丈夫な雰囲気がつくられ、より心理的安全性が高まるのがわかりました。

チーム決めの際に、担当を勝手に割り振るパターンもあります。ただ、この方法はおすすめしていません。子どもの学びと同じで「自己決定」が当事者意識を高めるのです。自分で選び、決めたことで責任感をもってプロジェクトを進めていくことができます。

3 大まかな合意形成の提案

図2-9のようなシートをもとに、各チームごとに「大まかな合意形成」を導き出していきました。石神井台小は、「何を言っても大丈夫」といった心理的安全性で満たされています。そのため、踏み込んだ提案や配慮のある指摘などが心地よく起きていきました。

ここでポイントとなるのは「大まかな」合意形成という言葉が意

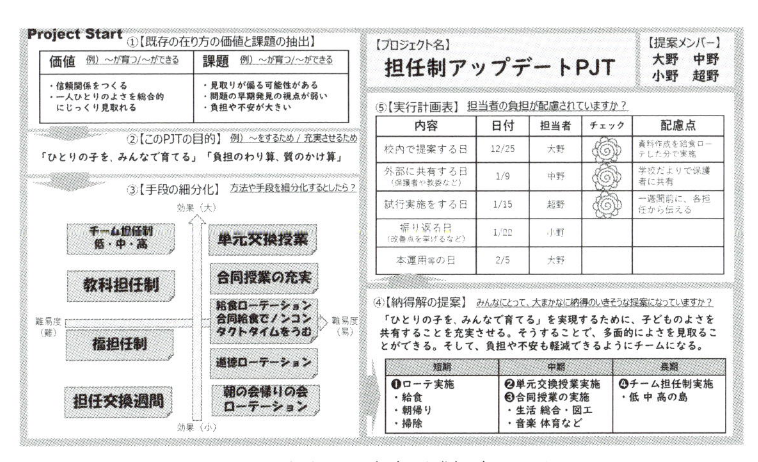
Project Start

①【既存の在り方の価値と課題の抽出】

価値　例）～が育つ/～ができる	課題　例）～が育つ/～ができる
・信頼関係をつくる ・一人ひとりのよさを総合的にじっくり見取れる	・見取りが偏る可能性がある ・問題の早期発見の視点が弱い ・負担や不安が大きい

②【このPJTの目的】　例）～をするため / 充実させるため

「ひとりの子を、みんなで育てる」「負担のわり算、質のかけ算」

③【手段の細分化】　方法や手段を細分化するとしたら？

【プロジェクト名】
担任制アップデートPJT

【提案メンバー】
大野　中野
小野　超野

⑤【実行計画表】　担当者の負担が配慮されていますか？

内容	日付	担当者	チェック	配慮点
校内で提案する日	12/25	大野		資料作成を給食ローテした分で実施
外部に共有する日（保護者や教委など）	1/9	中野		学校だよりで保護者に共有
試行実施をする日	1/15	超野		一週間前に、各担任から伝える
振り返る日（改善点を挙げるなど）	1/22	小野		
本運用等の日	2/5	大野		

④【納得解の提案】　みんなにとって、大まかなに納得のいきそうな提案になっていますか？

「ひとりの子を、みんなで育てる」を実現するために、子どものよさを共有することを充実させる。そうすることで、多面的によさを見取ることができる。そして、負担や不安も軽減できるようにチームになる。

短期	中期	長期
❶ローテ実施 ・給食 ・朝帰り ・掃除	❷単元交換授業実施 ❸合同授業の実施 ・生活 総合・図工 ・音楽 体育など	❹チーム担任制実施 ・低 中 高の島

図2-9　大まかな合意形成提案シート

味するところです。満場一致で全員が賛成などということは、現実的ではありません。さまざまな意見を踏まえ、納得解を探していくことが重要です。そこで、「大まか」な「合意形成」をねらうという意図をこめています。

これは社会においても同じではないでしょうか。環境問題や企業の経営方針なども「絶対的な答え」などない時代です。そのようななかで、立場の異なる多様なメンバーと対話をしながら、納得解を導き出すことこそが求められています。

業務改善に関しても相似形なのです。「絶対的な答え」などないからこそ、チームメンバーを中心に対話をしながら、納得解を導き出し、「大まかな合意形成」として提案をしていきます。他のチームも含めて全体で納得解をプレゼンし合うなかで、心配する声も出てきます。ただ、「まず、やってみる」という試行実施の文化が石神井台小にはあります。そのため、すべての提案をすぐに実施するのではなく、無理なく、少しずつ、可能なときに試行実施をし、「走りながら考える」ことができました。このプロセスを通して、当事者意識が高まっていったのです。

■大まかな合意形成を提案する研修

4 計画

プロジェクトを発足させれば、すべてが順風満帆に動くものでもありません。スムーズに試行実施にうつるチームもあれば、なかなか動けないチームもあります。ときには意見のぶつかり合いが起きたり、試行実施してみた際に混乱が起きたりするものです。これは自然なことで、むしろそれが全くないほうが稀なのです。心理的安全性があるからこそ意見をぶつけ合い、本音を共有することができるともいえます。

石神井台小でも、そのような混乱期がおとずれました。

では、どのように乗り越えたのか。石神井台小では「全員での立ち止まり」の対話時間を推進チーム（「研修後のストーリー」参照）の提案により適切に確保し、価値の共有や対話を通して乗り越え、動かしていきました。午後の授業をカットして、立ち止まりの対話時間を創出したのです。この時間で「これまで進んだこと」を共有し、「けっこうがんばってきたね！」と手応えとして価値を共有しました。自分たちが歩んできた軌跡を振り返ることで、実感が遅れてやってきます。

また、プロジェクトチームごとに対話する時間を確保することで、もうワンサイクルまわすことができました。対話をしたのが年度末だったこともあり、新年度の提案に新たに盛り込むことができたのです。この時間の確保により、当事者がねぎらわれ、「やってよかった！」と思えます。その姿に影響され、当事者が増えていくムーブメントが起きていきます。

研修後のストーリー▶改善サイクルが確実にまわり続ける組織に

石神井台小には、プロジェクトチームとは別に、有志メンバーによる「推進チーム」があります。教務主任の廣幡さんが「この指とまれ」で呼びかけると、全教職員の約３分の１の10人程度が集まりました。この推進チームが中心となり、出たアイデアを整理して共有したり、プロジェクトチームの推進のフォロワーになったりしました。この仕組みが、シェアドリーダーシップを活性化しているといえます。

「あるとき、わたしがリーダーであれば、誰かがフォロワーになり、あるとき誰かがリーダーになれば、わたしがフォロワーになる」という、シェアドリーダーシップで重要な視点を石神井台小から学びました。

年度が変わった後も、石神井台小は改善のサイクルがまわり続けています。カリスマ型リーダーシップのような劇的な改善がスピーディに起きるわけではありません。じっくり、ゆっくり、確実に前に進み続ける組織なのです。

事例校からの感想

軽井沢で行われたTAKIVIVA[*22]での研修&対話から、すぐにでも自分の学校にこの雰囲気、考え方、モノの見方を伝えたい！と強い思いがあふれてきました。すぐに、推進チームを立ち上げ、研修をリデザインし、ワークショップを行いました。

年間3回のワークショップ（研修&対話）を経て、「まずはやってみよう！」と職員のフットワークが軽くなったことが印象的です。以前なら、案に対して乗り気ではなかったり、できなかったことへのマイナスな意見もあったりしたように感じます。「見切り発車」の部分が大きいと思いますが、集団での思いがある程度同じ方向を向いているからこそ、この「見切り発車」ができるのかもしれません。

全校朝会で各教室を校長が回ることも、アイデアが形になったひとつの例であり、現在に続いています。無茶だと思われた午前5時間授業もお試しでやってみて、さまざまな意見を吸い上げ、次年度につなぐことができました。校内研究でも対話を用いた手法を取り入れ、全体で気持ちの安心感が生まれ、対話を繰り返すことで、「自分ごと」として考える職員が増えたように感じます。

---

*22 「TAKIVIVA（タキビバ）」は「未来発火点」（コミュニケーションや組織のあり方を見直し、未来への発火点となる）をコンセプトにした、たき火に集う宿泊型ミーティング施設です。北軽井沢にあるこの施設で、文部科学省の「学校における働き方改革の推進に関する調査研究」事業のキックオフ研修&対話を2023年に実施しました。

職員の思いや素敵なアイデアを、スピード感をもって形にできる職員集団を目指し、さらに大人も子どももワクワク感をもって楽しめる学校にしていきたいなあ。

（練馬区立石神井台小学校教務主任　廣幡伸太郎さん）

職員全員で、学校の活動を見直すことができました。今までやっていた年度末反省や職員による学校評価よりも、もっと自由に、広かったり小さいことだったり、何でも感じていることを話し合うことができました。それはまあ、無理だろうねー、不可能では？？と思えるようなことも、声に出すことができました。

おかげで職員室の雰囲気が、とにかくやってみよう、試してみようという感じになりました。今まで当たり前のように、こうやってきたからまたこのまま……ではなく、より働きやすいように考えてもいいし、お試し期間をつくり、試してみてよければ新しいやり方を採用することができる！と、みんなが感じていると思います。

研修をリデザインしたおかげで、変わることができる！より働きやすい職場にできる！ということを感じました。推進チームどうしでいつも、「それ、いいですね！！」と笑顔で後押しをしてくださり、しかもお菓子も持ってきてくださり、ありがとうございました！　かなり関係ないですが、ただ今、家を建て直し中です。引っ越しに向けて、まだ使えるけれど、手放さなければならないものがたくさん。学校の働き方も、ちょっとだけ似ているように思います。このままでも過ごせてきたから、変えなくてもいいですが、思い切って変えたことで、新しい何かが待っている気がします。数年前までは、毎日、夜まで働きクタクタでしたが、石神井台小に来てから、勤務時間は終わり！　もう帰ろう！と思えるようになりました。これからも、リデザインの考え方や温かい応援でよりよく変わっていける学校がたくさんあると思います。

（練馬区立石神井台小学校　相馬恵さん）

視点❸創造的余白づくり

業務改善

ワクワクが止まらない学校に

愛知県豊橋市立大清水（おおしみず）小学校

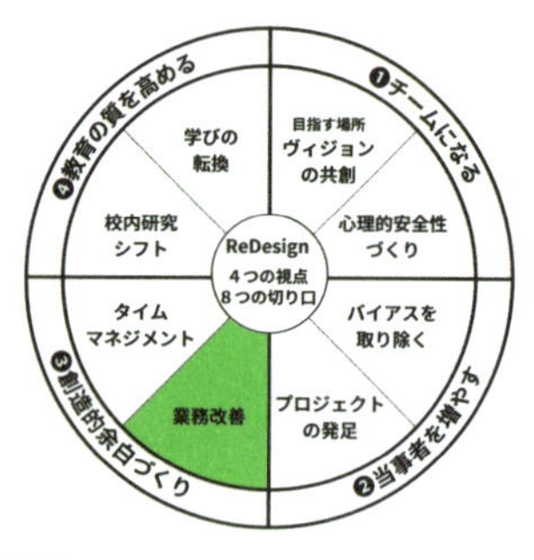

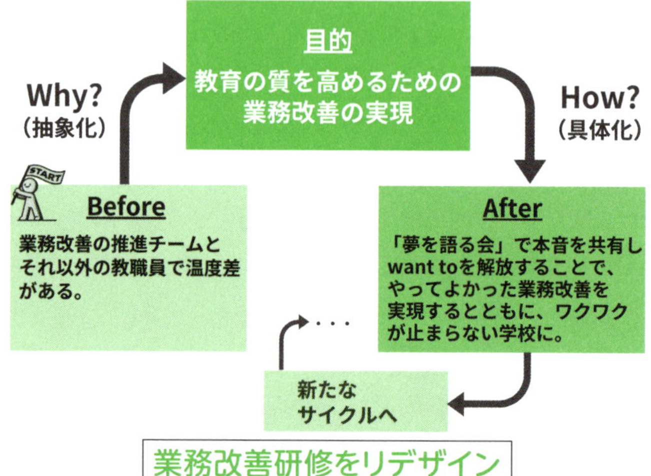

業務改善研修をリデザイン

教職員みんなで教育の質を高めるための業務改善をしたい

■働き方改革の本質は「教育の質の向上」

「働き方改革アレルギー」という言葉を耳にすることがあるくらい、学校現場では働き方改革に対してマイナスのイメージをもっている方もいます。その大きな理由のひとつに、「早く帰ること」のみにスポットが当たってしまう働き方改革の実態があります。そこでわたしは、働き方改革の本質は「教育の質の向上」だと提案しています。

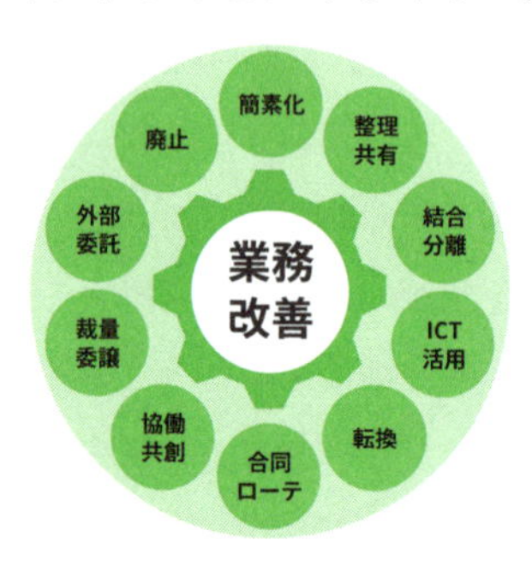

図2-10　業務改善10の視点

豊橋市立大清水小学校校長の福井さ

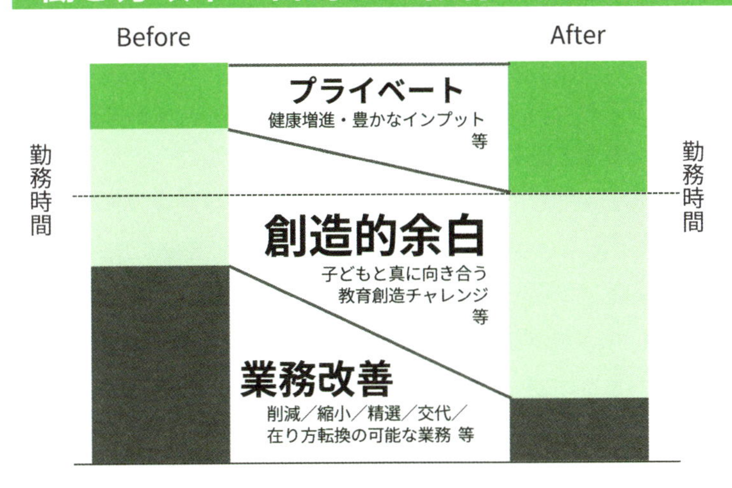

図2-11　働き方改革の目的（弊社若林健治氏作成資料をもとに筆者が編集）

んが目指す働き方改革とは、まさに「教育の質の向上」です。廃止・簡素化・ローテ・転換などの視点（**図2-10**）で業務改善を進めることで、勤務時間内における「創造的余白」を増やしていきます（**図2-11**）。**1.1**でも述べたように、創造的余白とは、教材研究をしたり、同僚と授業について対話したりなどの「働きがい」につながる豊かな時間を指します。そのうえで、プライベートも確保することで、総合的に教育の質を向上させていくことこそが働き方改革だという指針のもと、大清水小の業務改善が始まりました。

■業務改善推進チームとそれ以外の教職員に温度差

大清水小は愛知県働き方改革モデル校事業に参加し、校長の福井さんが名づけた「地上の楽園プロジェクト」として、大人も子どももワクワクするような学校づくりを、教務主任の滝川さん、推進者である村上さんなどのミドルリーダーを中心とした推進チームのもとで進めていきました。

しかしその過程で、推進チームのなかで「推進チームとそれ以外の方々との温度差があるのでは？　多くのことを急に変えようとしたからかも」と、推進の仕方を改善する必要性が話題になりました。**1.5**で取り上げた６つの目の「鳥の目」と「蝙蝠の目」を駆使したすばらしい立ち止まりと問い直しです。このように、自分たちで動きをモニタリングし、コントロールしていく、いわゆるメタ認知ができていることが、学校をよりよく動かすうえで重要です。
「地上の楽園プロジェクト」を実現するために、みんなで進める業務改善にしていくことを推進チームの新たなミッションとして、解決を試みることになりました。

■真の課題は「透明性と共通言語をつくること」

前述した「推進チームとそれ以外の方々との温度差があるのでは？　多くのことを急に変えようとしたからかも」という仮説は、確かにその側面もあると思います。ただ、推進チームの改善の方向性は、国や自治体が示す指針にも、学校経営方針にも沿う間違いのないものでした。では、何が真因なのでしょうか。

推進チームやわたしがヒアリングをしたところ、若手からベテランまで、それぞれに理想がありました。しかも聞けば聞くほど、推進チームと共通する考えの方が多いのです。ただ、推進チームと管理職の間ではよく対話ができていましたが、それ以外の方々にはその対話の内容が見えておらず、ブラックボックスになっていました。

つまり、急に変えようとしたことへの温度差ではなく、透明性がなくプロセスがブラックボックスになっていたこと、そして「創造的余白を増やし、教育の質の向上をしよう！」という共通言語が、推進チームとそれ以外の教職員の間で共有されていないことが真因でした。

そのため、「教職員みんなで情報を共有し、対話し、みんなで変えていくといったプロセスの透明性を図ること」こそが、真の課題だったとわかりました。

この気づきが新鮮なうちにと、推進チームがリーダーシップを発揮してフットワーク軽く研修日が設定されました。しかも、午後の時数をカットして放課後の余白を増やしたうえで研修日を設定するというすばらしい配慮により、心理的な負担を軽減できました。

ワークショップ「夢を語る会」

もはや、研修という概念をくつがえすようなネーミングで実施されたワークショップ「夢を語る会」。**1.2** 研修の機能(4)にあるとおり、この研修がトリガーになり組織開発のサイクルをうみました。研修の内容としては次のとおりです。

1 「want to 理想」の共有
2 実現させたいことの決定
3 「推し」のプレゼン

1 「want to 理想」の共有

視点❷【バイアスを取り除く】笹目東小学校（86頁）で紹介した「バイアスを自覚するインプット」を行った後、理想を広げるために次のようなテーマで対話をしました。

「あなたは校長先生として、新しい学校を0（ゼロ）からつくるとします。もしも『予算』や『これまでどおり』といった規制がないとしたら、あなたはどんな学校にしたいですか？」という問いをもとに対話をします。

一見、「業務改善とどのような関連があるの？」と思ってしまう問いかもしれませんが、このような拡散的な問いであるからこそ、新たな発想や解決策となるアイデアがうまれることが多くあります。

その際に重要なグランドルールとして、「判断遅延」「突飛（とっぴ）さ歓迎」

「質より量」「他の人に便乗」（図2-12）を確認したうえで、アイデア出しを行いました。この「何を言っても大丈夫！」といった安心感から、次々とアイデアが出たのです。

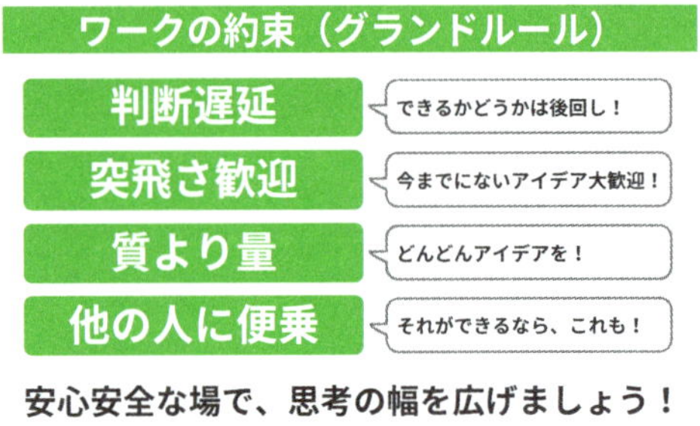

ワークの約束（グランドルール）

判断遅延	できるかどうかは後回し！
突飛さ歓迎	今までにないアイデア大歓迎！
質より量	どんどんアイデアを！
他の人に便乗	それができるなら、これも！

安心安全な場で、思考の幅を広げましょう！

図2-12　グランドルール

思考のコリがほぐれていくことで、「あるがまま」の本音の理想を共有できます。その結果、関係のコリもほぐれていき、同僚性も高まっていくことが多いです。実際にこのアイデア出しのなかから実現するものが数多くうまれました。

2 実現させたいことの決定

アイデアの拡散フェーズから収束フェーズ[*23]にうつる際に、裁量権を確認することが重要です。

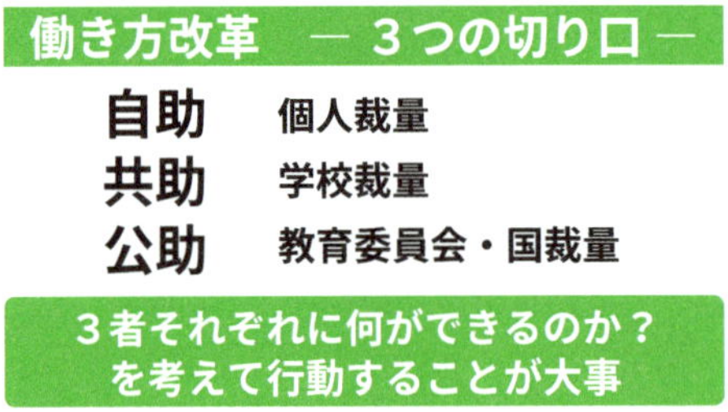

働き方改革 ― 3つの切り口 ―

自助	個人裁量
共助	学校裁量
公助	教育委員会・国裁量

3者それぞれに何ができるのか？
を考えて行動することが大事

図2-13　働き方改革の３つの切り口

働き方改革において、よりどころとなる３つの切り口があります。それは災害用語でよく使われる自助・共助・公助です（図2-13）。自助と

＊23　アイデアの拡散フェーズは、アイデアをできるだけ多く出す段階で、自由に広げていきます。どれがよいかは気にせず、とにかくたくさん出すことが大切です。一方で収束フェーズでは、アイデアを絞り込んで最も実現可能で効果的なものを選んでいきます。拡散と収束の両方のフェーズを繰り返し行うことで、創造的な解決策が見つかることが期待されます。

はいわゆる「個人裁量」でできることを指します。たとえば「子どもたちの提出物をチェックするタイミング」や、教材研究の仕方などです。共助とはいわゆる「学校裁量」でできることを指します。たとえば、校内研究の在り方や日課表・時程の変更など、学校全体で合意形成を図る必要があるものなどです。公助とはいわゆる「教育委員会・国裁量」でできることを指します。たとえば、人事に関わることや、予算に関わることなどです。

自助・共助・公助（その他）で分けると

自助（個人裁量）	共助（学校裁量）	公助（その他）
Xxx Xxx Xxx Xxx Xxx Xxx	Xxx Xxx Xxx Xxx Xxx Xxx Xxx Xxx	Xxx Xxx Xxx Xxx Xxx

図2-14　アイデアを３つの切口で分ける

収束段階に入る前に、この自助・共助・公助の情報をインプットとして解説します。その後、「出てきたアイデア付箋を、自助・共助・公助（その他を含む）で分けてみましょう！」と投げかけます。模造紙、あるいはICTツールなどを活用して行うことが可能です。そうすると**図2-14**のように分けられます。ここで「自助や共助が意外とある！」ということに気がつくことが重要です。そうすることで、当事者意識を高めたり、引き出したりできます。

3 「推し」のプレゼン

推しのプレゼンとは、「このアイデアを実現したい！」というイチ押しのアイデアを発表することです。思いが可視化され、合意形成が図りやすくなります。

■「推し」のプレゼン

〈チャレンジ例〉

記念日休暇導入	・年休をとりやすい雰囲気づくり
家庭訪問の見直し	・無駄な時間をなくし、必要な情報交換のみへ
タブレット端末の日常的な持ち帰り	・ペーパーレス化、タブレット端末を双方向の連絡ツールに
家庭学習の在り方の見直し	・主体性を重んじる
校則見直し	・50項目あった校則を10項目へ ・問題行動が半数以下に！
運動会の児童会種目の実現	・児童が主体的に動き出す
始業式の後のマジックショー	・子どもが学校に行きたくなる工夫
職員室のレイアウト	・カフェスペースの設置 ・風通しのよさにつながった
勝手に姉妹校プロジェクト	・アンオフィシャルな学校間コミュニティ
今後のチャレンジについての作戦会議	・40分５時間授業の実現
担任制の見直し	・教科担任制の導入

事例校からの感想

研修を通して、先生方がそれぞれ思いを強く持っているということが実感できました。そして、その思いをなかなか表に出せていなかったこともわかりました。今まで自分のなかにとどめていた思いも、共感してもらったり、同じ思いをもっている先生方の存在に気づけたりしました。研修後、行事を提案する際には、「今までにやっていた」からではなく、児童のためにも「これをやってみたい」という思いを込めるようになりました。研修のなかで、先生方から出てくるアイデアは、それぞれとてもおもしろいものばかりでした。そこで、行事の提案の際には、自分のやってみたいに加え、多くの先生と相談し、いろんな先生のアイデアや思いを組み込めるようになりました。

マラソン大会では、いろいろな先生の意見を参考に、自分がやりたいこと、児童が全員前向きにがんばれることを目標に、チームを分けたり、練習を縦割り団で協力してがんばれる仕組みにしたりと、研修で得たものを行事につなげることができました。

研修での気づきが授業にもつながりました。今まで教科書に載っていることを中心に授業を進めてしまっていましたが、児童の思考を中心に授業を進めていくことで、教科書に載っている内容以外にも、児童の自由な発想から教科書には載っていない新たな気づきにつながる授業を意識するようにしています。

（豊橋市立大清水小学校学校改革推進者　村上卓也さん）

「夢を語る会」の研修では、「何でも言ってよい」という魔法のことばのもと、今まで口にしてよいか迷っていたようなことを先生たちがバイアスをとりのぞいて語り合える場となり、そのアイデアがもしも叶ったら……という想像を共有できた場になったと思います。

あの研修の後、40分5時間授業の実現に向けて、授業数のカウントをしました。帯時間も授業としてカウントできるように、日課も考えました。子どもたちが3時には下校できるようにし、教員の研修の時間を勤務時間内にもてるようにしました。

また、4～6年生を教科担任制で授業が組めるように、時間割を考えました。すべての授業を教科担任制で行えるように時間割を組むことができ、より専門知識をいかした授業を行えました。子どもたちも、たくさんの先生と関わり、より専門性のある授業を楽しめていましたが、ちょっとした時間変更等が行いにくく改良の余地があると感じました。

あの研修を通して、学校でいろいろなことが変化してきました。その変化を学校だけでなく、子どもや保護者にもきちんと伝えて共有していくことで、成果があがってきていると思います。

（豊橋市立大清水小学校教頭　滝川早希子さん）

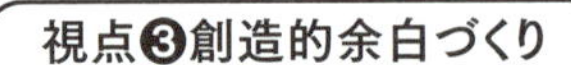

業務改善

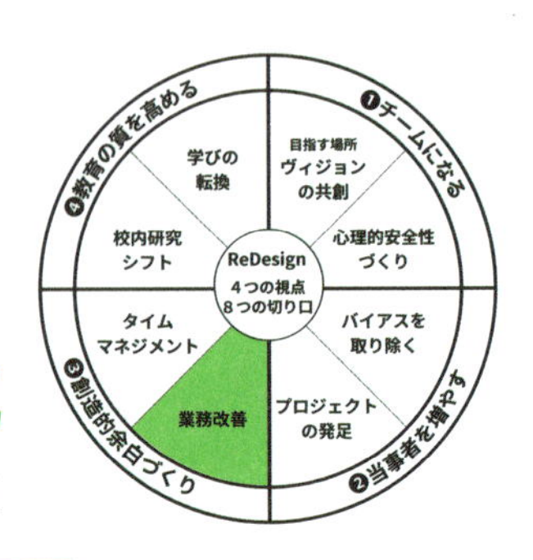

「まずやってみる！」が当たり前の組織に

神奈川県横浜市立東俣野特別支援学校

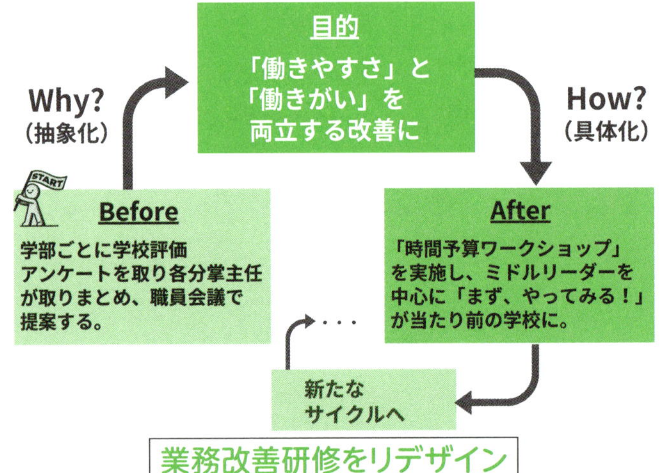

働きやすさと働きがいを両立する改善をボトムアップで進めたい

■特別支援学校での働き方改革は何から始めればよいか模索

横浜市立東俣野特別支援学校では、働きやすさと働きがいを相乗的に高めるため、働き方改革を推進していくこととし、管理職と推進チームが中心に改革を進めてきました。日本では、「特別支援学校や養護学校の働き方改革はとりわけ困難だ」という声を、学校現場や教育委員会などでよく耳にします。小・中学校に比べて学校裁量の範囲が大きいため、会議も多く、チームで取り組む働き方改革は喫緊の課題です。特別支援学校での好事例はまだまだ少なく、この学校でも何から始めればよいか模索しているところでした。

そのようななかで校長の吉田さんは、「全員で対話する時間が必要なのではないか」と考えました。トップダウンでの改革を進めてきて限界を感じていたこともあり、「ボトムアップで教職員から意見を引き出し、出てきたアイデアをみんなで進めていくのはどうか」と推進チームに提案しました。

時間予算ワークショップ

内容としては、次のとおりです。

1 「もしも時間があったら？」
2 バイアスの自覚
3 アイデア出し
4 「推し」の提案

1 「もしも時間があったら？」

まず、「毎勤務時間内に自由に使える創造的余白が1時間あったら、どんなことに使いたい？」という問いを投げかけ、対話をします。「教材研究をみんなでゆっくりとやりたい！」「飾りなどの掲示物をつくるのが趣味だから、そういう時間にしたいなぁ」「子どもが自ら進める学びをやってみたいからその準備をしたい！」など、働きがいにつながるような理想が出てきます。これらを描くことで、「そのために、働き方改革を進めたい」という思いが強くなります。

このように、本題の前にチェックイン[＊24]として本音を出せるような対話をしてからワークショップに入ると、「この場では何を言ってもいいんだ！」という安心感につながります。

＊24　ホテルや飛行機での手続きなどで耳にすることが多い言葉ですが、ワークショップで行う「チェックイン」とは、メインのワークが始まる前に、参加者が互いの状況を把握しあい、ワークに臨むために気持ちを「つなぐ」時間と考えています。対してワークの後に行う「チェックアウト」はその後のアクションなどに「つなぐ」時間と考えています。

2 バイアスの自覚

ワークショップの効果を最大化するための「小さじ１杯」の工夫として、「バイアスを取り除く活動を取り入れる」ことがあります。これは視点❷【バイアスを取り除く】笹目東小学校（86頁）でも触れましたが、バイアスとは主として思考の偏りや思い込みを指します。バイアスは誰もがもっていて、悪いことばかりではありません。重要なのは、その偏りや思い込みを自覚することです。もしかしたら改善の可能性があることも、「これまで〇〇だったから」「〇〇はやるべき」「普通は〇〇するよね」などのバイアスが取り除けないことにより改善につながらないこともあります。

ワークショップでアイデアを出す前に、このバイアスを自覚し、取り除く活動を入れることで、思考のコリがほぐれ、さらに質の高いアイデアを引き出すことができます。

3 アイデア出し

時間予算ワークショップとは、職員一人ひとりの時間をお金と同じように資源と捉えて時間への意識を高めつつ、組織内全員で知恵を出し合いながら具体的な改善活動につなげていくためのワークショップです。横浜市事務職員の上部さんと共同で弊社「先生の幸せ研究所」が生み出したコンテンツです。

〈事前準備〉

・チーム分け：１チーム４名程度で話しやすいメンバーどうし※

※部署ごとなど日頃一緒に仕事をしている、または若手・中堅・ベテランなどランダムも可能。くわしくは3.5の「環境リデザインの好事例」海士小学校（200頁）を参照。

・準備物：模造紙、付箋※、ペン、A4用紙、その他（時程表、年間予定表など）

※できる限り発案した人の役職や立場が影響しないように全員同色が望ましい。

一般的なブレインストーミングと同じワークの約束（グランドルール）を設定することで、普段思っていても口に出せなかったアイデアを出しやすくなります。本音を引き出すための重要なポイントです（※グランドルールについては69頁参照）。

〈流れ〉

①「勤務時間内で、自分で使える時間を30分うみだすとしたら？」という問いをもとにアイデアを出す

②1付箋に1アイデアを具体的に書く

③アイデアをグループ内で共有する

④アイデアを自助・共助・公助で分ける

⑤〇すぐにやってみたい！　☆むずかしいかもしれないけど検討してやってみたい！など思いを可視化するため付箋に記していく

⑥他グループに行き、同じように思いを可視化する

4 「推し」の提案

思いを可視化した後に、「『推し』として3つ提案するとしたら？」と投げかけ、グループごとに3つのアイデアを選びます。ここは職員会議のような意思決定の場ではありません。ただ、思いが可視化され、さらにそれが共有されたことで「これ、本当に実現させたい！」という気持ちが高まります。

「推し」は各グループから提案してもらいますが、このときの雰囲気がとてもよく、「本当に動いていきそうだ！」という期待と高揚感で満たされました。島根県立松江清心養護学校の玉木さんも講師としてお招きし、「ワークショップ的に対話していくことの重要性」についてインプットしてもらいました。

■各グループから「推し」を提案

仲間の本音に出会えるワークショップ

東保野特別支援学校では30分で100個以上のアイデアが出されました。デジタル付箋などのICTツールを使用すれば、オンラインでも実施可能です。ただ、ここで重要なのは対話をしながらアイデアを出すことです。ICTを通して無言で行うようでは、効果が減ってしまいます。

実際にこの日は模造紙で実施したところ、教職員の声として、「普段話す機会が少ない同僚と話せてよかった」「自分と同じ考えを持っている人が多いのがわかって、みんなで変えていけそうな気がした」「思った以上に個人・学校裁量で取り組める改善アイデアが多いと気づいた」「こういう話し合いの時間がもっと必要だと感じた」などがありました。

組織で課題や改善アイデアを集める際にアンケートフォームを利用するのも効率的な方法ですが、実際には「ほしい意見がなかなか集まらない」という声を聞きます。「他の人が何を書くのかが見えないため、自分だけが本音を書くと悪目立ちしてしまうんじゃないか……」「書いた内容がどう生かされるのかわからない（どうせ意見を書いても変わらないというあきらめ）のでモチベーションが湧かない……」などという心理は、皆さんもよく理解できるのではないでしょうか。同じ時間と空間を共にしながら実施することで、アイデアを出す以外にも、見えにくいマインドや価値観などを共有することができ、つながり合えます。

「実は、〇〇が不要ではないかと思っていました」「昔から続いている〇〇を精選することで、創造的な余白がうまれるかも」などとアイデア出しのなかで本音が出ます。それに対して「わたしも思っていたよ！」と仲間の本音に出会い、自分の本音も開示できることがよくあります。本音にこそ、業務改善の糸口があると考えています。

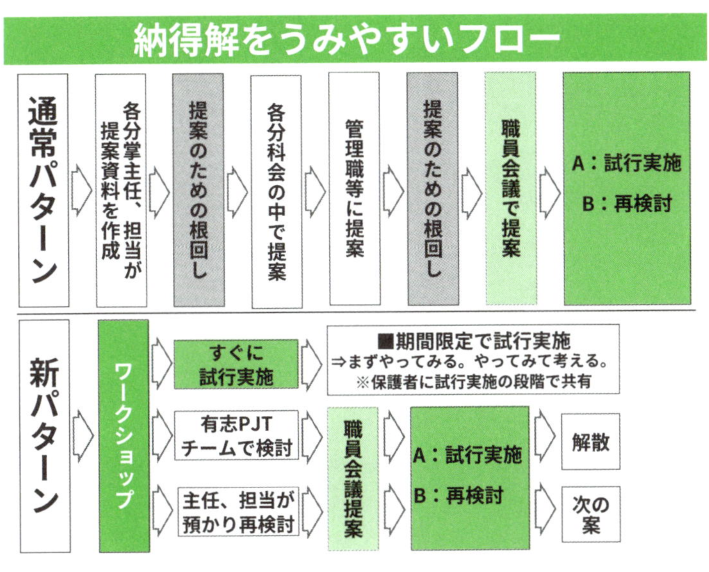

図2-15　ワークショップによるフローの変化

ワークショップをすることで、図2-15のように、フローが変わります。上の段のように通常パターンであると、提案を職員会議で初めて目にする教職員が多くなります。まずワークショップを実施して対話をすることにより、「全員が知っている状態」や「検討した状態」で職員会議を迎えることができるのです。

研修後のストーリー▶推進チームの駆動

ワークショップのやりっぱなし・アイデアの出しっぱなしになると、働き方改革／業務改善は進みません。東保野特別支援学校では、ワークショップの直後に推進チームが自発的に「出たアイデアの実行計画を立てよう！」と対話が始まりました。この当事者意識の高い、ミドルリーダー層が学校を動かします。

次頁の写真にあるように、時期を記入し、いつ頃に何を実行するのかと分けていきます。こうすることで、やりっぱなしにならずに

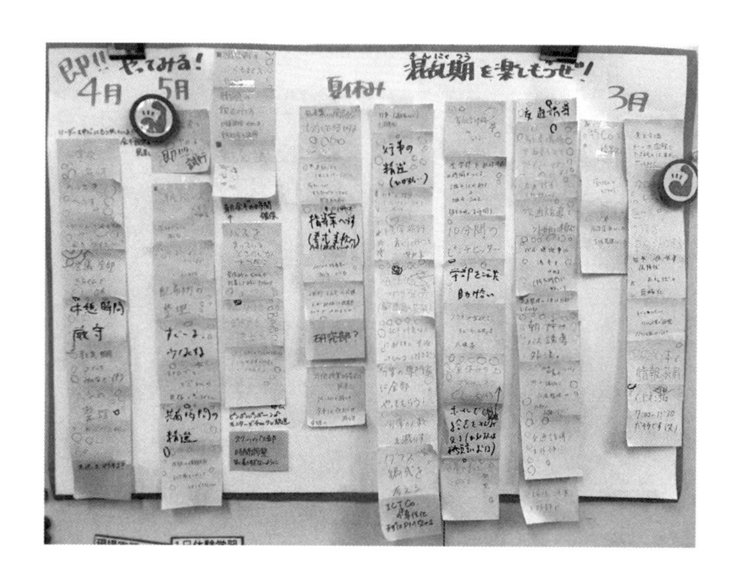

動いていくことができます。

さらに、大切にしたい合言葉として「混乱期を楽しもうぜ!」というものがうまれました。運動をすれば筋肉痛が起きますが、筋肉が修復されるなかで強靭さが増していきます。混乱したからやめるのではなく、その先を見据えて混乱期さえも楽しんでしまおうという考えです。視点❷【プロジェクトの発足】石神井台小学校(93頁)でも書きましたが、何かを動かせば混乱期がやってくることが多いです。これは変化があれば自然なことです。それを、「筋肉痛」にたとえることで、前向きに乗り越えられるという推進チームの思いが表れています。

このように具体的にあがったアイデアをリスト化・分類分けして、「すぐにできること」は明日にでも、「時間はかかるがやってみたいこと」はじっくり腰を据えて方針や対応案を検討し、次年度以降に実現できるようにメリハリをつけて進めていくことをおすすめしています。とくに前者は小さな一歩かもしれませんが、自分たちであげたアイデアが採用され、実際に組織が変わるという「小さな成功体験」がモチベーションを高め、少しずつ個人の意識・行動変容や組織風土の変革につながるきっかけになります。いきなり大きな変化を起こすのはむずかしい場合も多いので、「まず小さくやってみる」ことで変化を実感し、試行錯誤を続けながらよりよい形にしていけばいいんだ、という気楽さも大切です。

業務改善や働き方改革というと、やらされ感があり、つらいものと捉えられていることがよくあります。だからこそ、この学校のように「楽しく！　ワクワクと！」業務改善や働き方改革を進めていきたいです。

事例校からの感想

これまでは管理職と主幹教諭を中心に学校の課題に取り組み、解決策を提案してきましたが、学校全体で方向性を合わせていくことはむずかしいことが多くありました。今回の研修と対話の場を設定することにより、どんな提案をしても否定されないし、学校を自分たちで変えることができるのかもしれないという気持ちを共有することができたのではと思いました。付箋に意見や思いを書き出すことは通常行っていますが、そのあと皆で巡回して「いいね」を付箋に記入していくのは初めてで、付箋を書いた者にとっては一種の達成感が得られたのではないかと思います。学校の課題を全員が一気に共有できたこと、手順や道のりはわからないけれどゴールが明確に見えてきたことが、一番大きな収穫でした。

また、項目や達成時期に応じて付箋を分類するなかで「実現は大変だし、いろいろと困難や痛みを伴うよね。」という話になったときに、「それは筋肉痛だよね。痛みの後にはいい筋肉がつくよ」と、先を見据えた意見が出され、頷いている者も多くいました。このことは、一人ひとりが期せずして学校改革に参画し始めた大きな一歩であったと感じました。

現在、付箋に書かれた内容に沿って、さまざまな取り組みを進めています。今年度中にできたこと、来年度に向けて検討していることがあり、具体的な成果も見えてきています。「まずやってみる！」そして修正していくという考え方のもと、子どもが主役で職員全員が取り組む学校づくりを、これからも進めていきたいと考えています。

（東保野特別支援学校校長　吉田良直さん）

他の学校と同様に大きな課題として、会議の精選・教材制作や授業準備の時間の確保があげられ続けてきました。今回の研修と対話の場をきっかけにして、これまで見過ごされてきた隙間時間の有効活用を図ることや、連携ツールを使って集合会議の削減を図ることを行ってきました。隙間時間に新たに会議や打ち合わせを入れることにより、時間の余裕がなくなり、慣れるまでの間、さまざまな不具合や不安感も生じました。周囲の理解を得ること、児童・生徒へのしわ寄せを避けること、教職員の働く時間の軽減を図ること等のバランスをとるむずかしさが、研修で教わった「筋肉痛」になぞらえた「痛み」という事象として生じましたが、さまざまな声を一つひとつ丁寧に検討しながら進めてきています。その結果、繁忙期を除いて月１～２日程度の教材研究日を設けられるようになりました。

また、隣接する小学校との交流及び共同学習の充実のために、特別支援教育コーディネーターが進行役となり、両校の教員が集まりを持ちました。付箋に思いを書き出し全員で見て「いいね」をつけることにより、お互いの学校や一人ひとりの考え方の違いや素晴らしさに気づくとともに、両校の子どもたちの学習をしっかり支えていくことの再確認ができました。

特別支援学校では、小・中学校での校務分掌に加えて、通学支援（スクールバスや福祉車両運行）、保健（医療的ケア実施等）、複数の教育課程の管理に関する分掌などがあります。教職員の人数の少ない本校では、さらなる会議の削減と隙間時間の創出のため、校務分掌の精選と再編を行い、一人ひとりの役割を明確化することが必要になります。慣れ親しんだ校務分掌を変えていく「筋肉痛」を伴いながら、来年度に向けて１歩を踏み出しているところです。　（東保野特別支援学校教務主任　赤堀美樹子さん）

視点❸創造的余白づくり

タイムマネジメント

一人ひとりのwant toを尊重し合う組織に

岡山県井原市立県主（あがたぬし）小学校

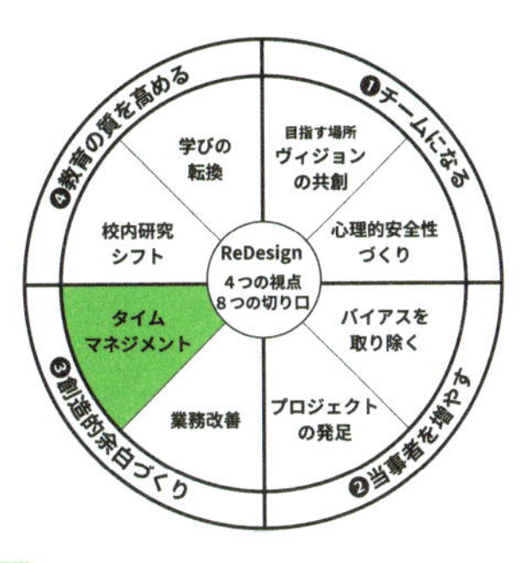

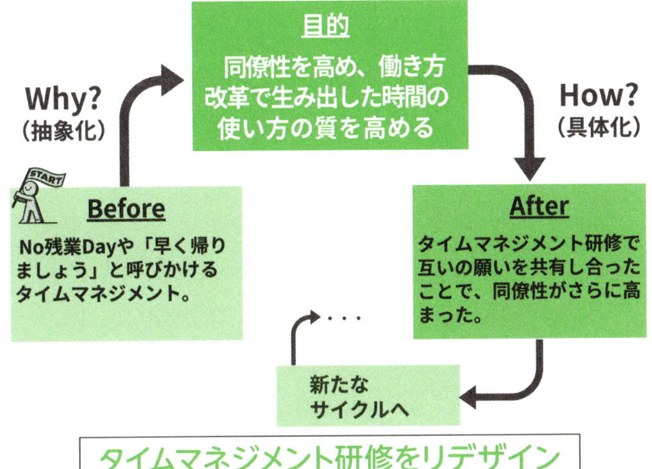

タイムマネジメント研修をリデザイン

同僚性を高め、時間の使い方の質を高めたい

■時間の使い方の質を高める「トレーニング」が必要

働き方改革の３つの切り口として自助・共助・公助があることを視点❸【業務改善】大清水小学校（102頁）でお伝えしました。学校全体で共助の業務改善を進めていくことは、「ダイエット」のようなもの。全体の仕事量を減らしていくイメージです。そしてそれとセットで考えたいのは、うまれた時間を含めて時間の使い方の質を高めていく、「トレーニング」です。これらのどちらかだけでは真の効果が出にくいので、セットで推進していくことをおすすめしています。

ある学校では、「業務改善の一環で放課後の時間を30分以上創出

※県主小の事例は、研修講師である庄子貴喜さんの執筆をもとに作成しました。

することができたのに、時間外労働がほとんど変わらなかった」ということも実際に起きています。その原因は、時間の使い方がほとんど変わらず、「今までより時間をかけてテストの丸付けができるようになった」などと、笑えないトンチ話のような状況がうまれてしまったためです。これはまさに、ダイエットには成功したものの、トレーニングをしなかったことによる問題です。

■働き方改革でうまれた時間を有効に活用できていない

井原市立県主小学校では、校長の小田さんが先頭に立って、校内の働き方改革推進チームを中心にさまざまな働き方改革を進めてきました。フットワーク軽く、日課表も見直され、「下校時刻を20分早める」ことが決まるなど、畑が耕された文化があります。「創造的余白」として教職員のなかに余裕ができつつありました。

その一方で、できた「時間」を有効に活用できていないという問題がうまれてきました。これは、働き方改革が進んできたからこそ見えてきた問題でもあります。

研修の事前ミーティングで何度も「同僚性」という言葉が管理職から出てきました。早く仕事を終えて早く帰るという行動は、慢性的に忙しい先生方にとってとても重要なことです。同時に職場の人間関係がドライにならないようにと確認しながら働き方改革を進めていく配慮が、この学校にはありました。

先生方が何を考えていて、何を大切にしていて、何に悩んでいるのか。それをお互いに受け取り、協力し合えればもっと働きやすくなるのではないかと考えたのです。まさに真因です。すなわち、「同僚性」という言葉から本質を捉えたうえで改革につながるという兆しが見えました。そこで今回は、先生たちどうしが対話を通して自己開示をしながらタイムマネジメントを学ぶワークショップを行うことにしました。

マイタイムワークショップ

テーマは「自分のマイタイムを知り、他者のマイタイムを知る――働き方改革で生み出した時間をどう使うか」です。じっくり対話するために、2対2で向き合う4名1グループの座席配置で行いました。内容としては、次のとおりです。

1 チェックイン「どんな教師になりたいと思っていましたか？」
2 インプット「自分の想いを聴く、他者の想いを聴く」
3 ダイアログ「本当にやりたいこと」
4 プレゼン「理想の一日を続けると？」

1 チェックイン「どんな教師になりたいと思っていましたか？」

「働き方改革で生まれた1時間をどう使いますか？」と問う方法もあります。しかし、それだとどうしても、「やらなければならないけれど、できていなかったこと」や「すでにやっていることの質を高める」というところに目が向いてしまいます。

今回は一人ひとりの先生たちの本当の願いに気づき、それをお互いに受け取ることがねらいでしたので、「そもそもどんな教師になりたいと思っていたのか」という問いから始めました。20代～50代まで幅広い年代の先生たちが、「こんな話、学校でしたの初めて！」と、照れくさそうに話していたのが印象的でした。

2 インプット「自分の想いを聴く、他者の想いを聴く」

人の話を聞く、というのは誰もが日常的に行っていることですが、わたしたちは多くの場合、人の話を聞きながら、その聞いている最中に、頭のなかで自分の意見と照らし合わせていたり、次に自分が何を言おうか考え始めていたりします。相手の話している音声は耳に入っている。でも相手が何を伝えたいかを感じ取り、受け取ろうとはしていないことが多いのです。この、いわゆる「傾聴すること」

について、講師から伝える時間をもちました。
　まずは「自分の想いを最後まで聴く」。学校という多忙な環境では、自分がやりたいことと、やらなければいけないことがごちゃまぜになってしまい、気がつくと、自分がなりたかった教師像とはかけ離れ、こんな教師にはなるまいと思っていた行動をとってしまっていることがあります。すぐに答えを出さずに、周りの空気に流されずに、自分の想いを最後までじっくり聴く。今回のワークショップで一番大切にしていただきたいこととしてお伝えしました。
　そして「他者の想いを最後まで聴く」。人は話すときに言葉だけでなく、表情、声色、姿勢など多くの情報を発します。そこで、相手が発した想いを最後まで傾聴・観察し、受け取っていきました。

3 ダイアログ「本当にやりたいこと」

　いよいよワークショップに入ります。まずは、自分がときめく本当にやりたいこと「マイタイム」を言葉にします。プライベートと仕事、各8つの枠を埋めていきます。できるだけ具体的に書いたほうがイメージしやすく、ワクワクするのでおすすめです。すべての枠が埋まらなくてもかまいませんが、可能な限り埋めていきます。
　次は、そのなかから実現したいベスト3を選んで、グループで1人ずつ発表し、対話しました。お互いの想いを知り、気づきが多い時間になりますが、とくに「プライベートで本当はやってみたいと思っていること」については、お互い初耳であることが多く、「そんなことしたいと思ってたんだ！」「わたしもやりたい！」と興奮している様子が方々で見られました。

4 プレゼン「理想の一日を続けると？」

　実現したいマイタイムを具体的にイメージできたら、次はそれを「どう実現するか」に進みます。24時間を表す円グラフが書かれたワークシート（図2-16）に、「現在の平日の一日」の時間の使い方を記入していきます。その後、実現したいマイタイムを入れた「理想の平日の一日」を記入します。ここでの感想の多くは、「あ、できそう！」というものでした。自分で手を動かして書いてみることで、働き方改革で創出された、使い方が定まっていない時間をマイタイムに充てるイメージが湧いた瞬間でした。

最後に同僚性、つまり自分が周囲にどう影響を与えていくかを想像してもらうために、先ほどのワークでつくった「理想の一日」を継続すれば、自分、同僚、学校、児童は1ヵ月後、1年後にどうなっていそうかを想像するワークを行いました（ここでのワークのバリエーションとして、具体的な第一歩となる行動をいつ起こすのか、というワークを行うこともあります）。

みなさんの回答は、自分がまずハッピーになり、それが同僚にも

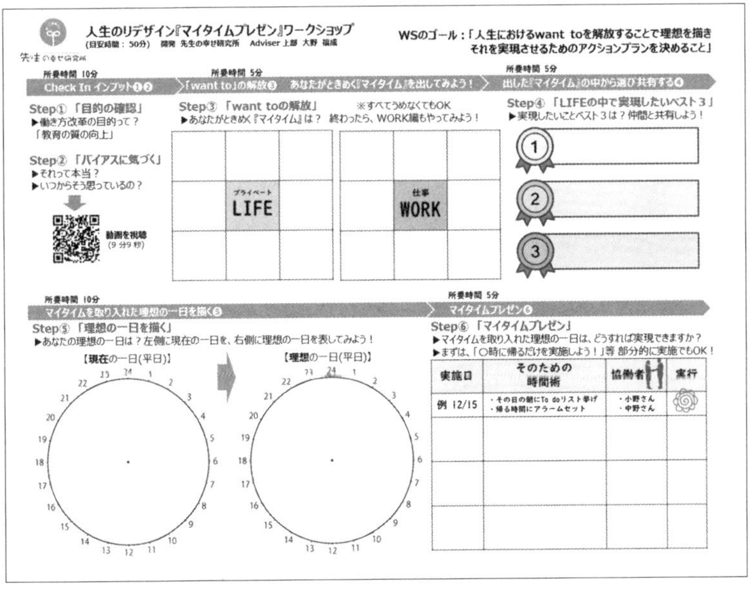

先生の幸せ研究所

人生のリデザイン『マイタイムプレゼン』ワークショップ
（目安時間：50分）　開発 先生の幸せ研究所　Adviser 上部 大野 福成

WSのゴール：「人生におけるwant toを解放することで理想を描き
それを実現させるためのアクションプランを決めること」

所要時間 10分
Check In インプット❶❷

Step① 「目的の確認」
▶働き方改革の目的って？
「教育の質の向上」

Step② 「バイアスに気づく」
▶それって本当？
▶いつからそう思っているの？

動画を視聴
（9分9秒）

所要時間 5分
「want to」の解放❸　あなたがときめく『マイタイム』を出してみよう！

Step③ 「want toの解放」　※すべてうめなくてもOK
▶あなたがときめく『マイタイム』は？　終わったら、WORK編もやってみよう！

プライベート
LIFE

仕事
WORK

所要時間 5分
出した『マイタイム』の中から選び共有する❹

Step④ 「LIFEの中で実現したいベスト3」
▶実現したいことベスト3は？仲間と共有しよう！

1
2
3

所要時間 10分
マイタイムを取り入れた理想の一日を描く❺

Step⑤ 「理想の一日を描く」
▶あなたの理想の一日は？左側に現在の一日を、右側に理想の一日を表してみよう！

【現在の一日(平日)】

【理想の一日(平日)】

所要時間 5分
マイタイムプレゼン❻

Step⑥ 「マイタイムプレゼン」
▶マイタイムを取り入れた理想の一日は、どうすれば実現できますか？
▶まずは、「○時に帰るだけを実施しよう！」等 部分的に実施でもOK！

実施日	そのための時間術	協働者	実行
例 12/15	・その日の朝にTo doリスト挙げ ・帰る時間にアラームセット	・小野さん ・中野さん	

図2-16　マイタイムプレゼンシート

伝播し、本当にやりたいことができている自分は、組織や触れ合う子どもたちにもよい影響を与えるだろうというものが多かったです。同時に、皆がマイタイムを実現できるようにサポートし合いたい、という回答も印象的でした。

■同僚を知り「自助の共助」につながるワークショップ

ワークショップを終えての参加者の感想は、まず、共に働く同僚が今どういう状態で、何をしていて、本当は何がしたいのかを知るよい機会になったということ。そして、お互いの願いを共有し合ったことで、「◯◯先生、やりたかった△△は最近できている？」と、共通言語にして同僚の活動を応援できそうな気がする、というものでした。

一番率先してワークシートを埋め、対話を進めていた校長の小田さんは、今回のワークショップが、同僚性を育むとてもよい機会になったと同時に、先生たちがマイタイムを継続していけるよう、校長という立場で促していきたいと話していました。

このように、タイムマネジメントは自助なのですが、だからこそ「自助を共助する」という考えが大切です。お互いに時間を尊重し合ったり、声をかけ合ったりすることで、よりタイムマネジメントが加速します。県主小はとてもよい文化がつくられているのです。

タイムマネジメントとは、「人生のリデザイン」ともいえます。時間の使い方を立ち止まって考えることはつまり、よりよく人生をリデザインすることと同義です。

研修後のストーリー▶互いを尊重し自身も大切にする余裕ができ、よりよい教育に向けた取り組みが始まる

約半年後、校長の小田さんに研修後の様子をうかがいました。研修後まず変わったのは、先生間のコミュニケーションだったそうで

す。これまでは、業務改善をして皆が早く帰れるようにはなっていたものの、先生一人ひとりが何に関心があり、何に困っているのかについて十分なコミュニケーションがとれていないように見えていました。しかし、「先生が本当にやりたいことを言語化し、共有する」という本研修を経て、お互いが今大切にしていることを尊重するコミュニケーションが生まれ始めたそうです。

たとえば、県主小ではこれまでも、先生たちが退勤予定時間を共有する「帰るボード」（絶対に帰りたい日は黄色で表示するという工夫がされている）という取り組みを行っていましたが、これと相まって、「今日は〇〇がある日だよね？」「夕食後のランニングは続いていますか？」など、相手のことを知っているからこそ思いやれる会話が増えたといいます。

また、具体的に先生方が感じた変化としては、「早く帰って自分の子どもの習い事の送り迎えができるようになり、家族に喜ばれた」「仕事や家事が忙しいなかでも、自分の時間をつくるようになった」「健康づくりに目覚めて、ランニングが習慣になった」などがあり、まずは生み出した時間が先生方の心身の充実に充てられている様子がうかがえました。

今後の見通しについてもうかがいました。現在、管理職ではなく、先生方がリーダーとなって互いのよさを認め合う取り組みが進んでおり、その一例として、業務改善や授業改善において、他の先生に見習いたいポイントを付箋に書いて皆で共有する取り組みなどが始まったそうです。

先生方の生活が充実し心に余裕ができたことで、よりよい教育のための新たな取り組みが始まりつつある県主小。小田さんは、「久しぶりに職員全員でボウリング大会もしたんですよ」と、本研修が同僚性を高める一助になったことも笑顔で話されていました。

視点❹教育の質を高める

校内研究シフト

日常的に学び合う組織文化の仕組み化

愛知県岩倉市立五条川小学校

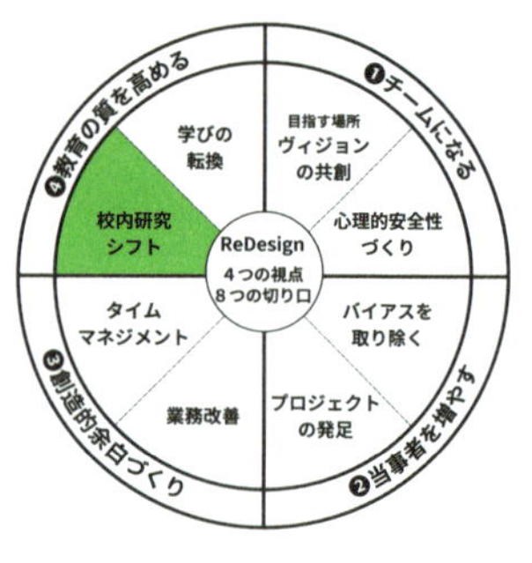

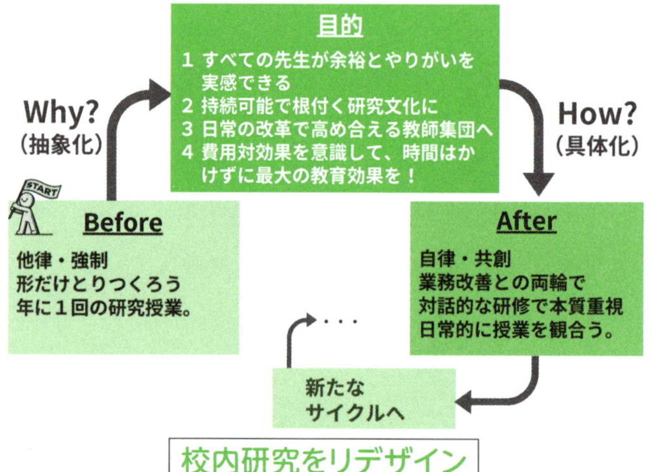

校内研究をリデザイン

持続可能な研究スタイルを確立したい

■働き方改革を、形骸化する校内研究脱却の糸口に

岩倉市立五条川小学校は、わたしが伴走を始めた時点で、すでにかなり自走してよりよい学校へと変わっていく仕組みができあがっていました。これから紹介する事例のほとんどは、わたしの伴走前から数年かけて改善してこられたものです。

研究主任の村上さんは、「これまでに見聞きしてきた校内研究や研究発表の多くは、負担が激増して疲弊し、終われば衰退、形骸化していくというのがお決まりのパターンだったのではないか」と問い直しました。ただ、負担が増えるのも嫌でしたが、研究主任としては校内研究を推進していかなければならない立場であることに頭を抱えたそうです。そして、「働き方改革の必要性が叫ばれ始めている今は、負担の大きい従来の研究スタイルを刷新するチャンスなのでは」と可能性に目を向けました。

■業務改善と校内研究をセットで進める

そこで、業務改善とセットで校内研究を進め、持続可能な研究スタイルを確立しようと決意したのです。研究主任の村上さんは、先生たちとの雑談を大切にし、そのなかで研究の理念などを少しずつ伝えていきました。すると、共感してくれる先生が一人、また一人と少しずつ増えていったのです。こうしてうまれた理念が「SDTs〜持続可能で発展的に成長し続ける教師集団〜」でした。SDTsとは、Sustainable Development Teachersの頭文字を取ったものです。

校内研究の改善

1 研究スタイルを変える

まず大きく変えたのは、年間に1回は指導案を書いて研究授業を行うという研究スタイルです。ただでさえ時間外労働が多く多忙ななか、強制されて取り組んでも形だけになってしまい、逆効果となるリスクすらあったからです。

「まずは減らしましょう。負担を減らしながらもっと持続可能な研究の在り方を模索していきましょう」と提案し、教職員の理解を得たそうです。研究が始まったら負担がどんどん増えるのかと心配されていた先生方も、この提案に救われたのではないでしょうか。

2 「授業交換」の実施

また、学年内で一部を教科担任制にする「授業交換」も学校全体で始まりました。授業交換をしてみると、受け持つ教科数が減るので、教材研究の時間を大幅に短縮できます。担当する授業の準備を今までよりもしっかりとできるので、当然授業の質も上がり、自信をもって授業に臨むことができるようになりました。

自分のクラスだけでなく、学年全体の児童の様子を共有できるので、「みんなでみんなを育てる」という意識も今まで以上に高まったそうです。大事なのは全校でそろえることではなく、各学年の当事者たる担任陣が対話を通して納得した形で運営することです。授業交換を推進しつつもけっして強制されることはなく、最終決定は各学年に委ねられていました。

3 部会「SGKs」「SDJs」「SDIs」の設置

また、「SDTs」という研究組織内に、「SGKs：業務改善部会」「SDJs：授業づくり部会」「SDIs：ICT推進部会」という3つの部会を設けました（図2-17）。どうしても研究のアクセルが強くなってしまう研究部のなかに、ブレーキ役の業務改善部を位置づけることで調整できる仕組みにしています。

ただし、3つの部会のいずれかにそれぞれが所属して別々に研究を進めるのではなく、そのときそのとき、一人ひとりの先生の困り感や問題意識によって、「今回はどこの部会に参加しようかな？」

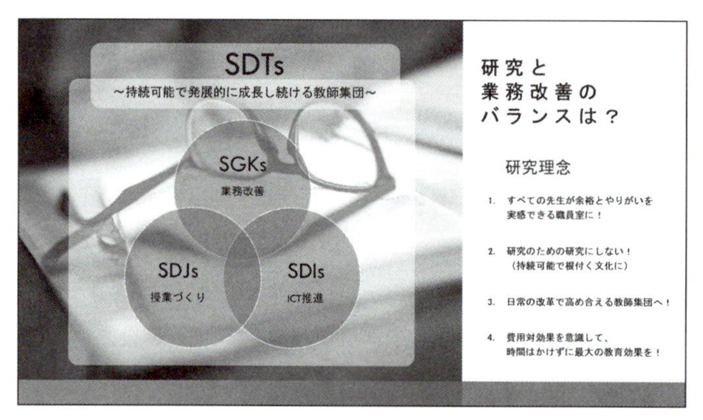

図2-17　SDTs（Sustainable Development Teachers）の理念

と選択できる流動的な枠組みとしました。

そもそもICTは授業づくりにも大きく関係しますし、ICT活用が業務改善につながることも多いです。そのときそのときのニーズに柔軟に対応できる余白を意図的に残しておいたのです。

4 授業を参観し合うスタイルへの転換

「指導案と研究授業を廃止して授業力は落ちないのか？」この質問はよく出ます。五条川小では、年間を通して全学年の授業を参観し合うスタイルに転換し、授業力の向上を図っています。そうすることで、「○月○日に授業を見に行っていい？」「もちろん！」などと日常的に学び合い、アップデートが頻繁に起こる仕組みができています（図2-18）。

図2-18　五条川小の校内研究の改善

実際にこの学校では、授業の質が非常に高く、子どもたちの成長につながっています。

ミニ対話（ザツダン）

先生方の授業の質が高まる秘密がもうひとつあります。五条川小には週1回、ミニ対話といういわゆる〝ザツダン〟をする場があります。「最近どう？」から始まり、授業実践のノウハウや資料共有が有機的に行われています。仲間のアップデートが、自分のアップデート意欲に火をつけ、チャレンジの勇気を与え、ときに悩みを解決し、知が蓄積され、学校全体の教育力が高まっていると感じました。強制された研修ではなく、委ねられた、創造的な余白。とても豊かで、この“待ち合わせ場所”があることの意義を痛感しました。

■ミニ対談（ザツダン）の様子

2023年度には、研究主題を「対話で高め合う五条川っ子」に改めました。そのためにも、まずは教師自身が対話で高め合うことから始めたそうです。教師の学びと子どもの学びは「相似形」です（図2-19）。個別最適な学びと協働的な学びの一体的な充実が求められているなか、まずは教師が体験し、対話し、振り返ることが必要と考えます。その教師の学びが相似形として、日々の授業改善につながるのです。

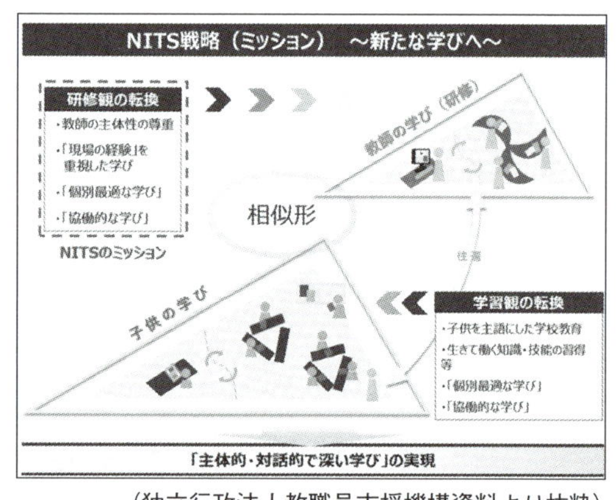

（独立行政法人教職員支援機構資料より抜粋）

図2-19　NITS戦略～新たな学びへ～

五条川小学校のように校内研究が転換され、「アップデートしたくなる環境」をつくることで、教育の質が高まっていくと確信しています。

研究推進委員会の会議をリデザイン

■「イドバタ会議」を起点にさまざまな業務改善を実現

これら業務改善や授業改善などのあらゆるチャレンジを大きく支えることになるきわめて重要な取り組みが「イドバタ会議」です。毎週火曜の授業後に、研究部のメンバーで集まって、今後の研究の進め方について話し合う場です。
「毎週集まるなんてどこにそんな時間があるの？」「働き方改革と逆行しているじゃないか？」という声が聞こえてきそうです。確かに時間というコストはある程度かかります。ですが、かけた時間以上のメリットがあると実感しています。このイドバタ会議が起点となって、数えきれないくらいの業務改善が実現してきているからです。

■会議の実施も負担なく臨機応変に

ちなみに、このイドバタ会議も、もともとすべての教員が下校指導をしていた時間の裏側で行うなど、できる限り時間を捻出する工夫をしたうえで行っています。今後の研修の進め方を話し合うといっても、大がかりな準備をすることはほとんどなく、毎回集まってから「次、何ができるだろう？」「最近読んだ本に参考になることが書いてあってさ……」などと、楽しいザツダンが中心です。

メンバーそれぞれが少しずつ違う問題意識を持っていて、毎週のイドバタ会議のなかでシェアをする。そうすることで、今一番ホットなテーマを取り上げて次の校内研修の内容を企画できるわけです。思った以上に忙しくなってしまった時期には、「ちょっと次回のイドバタ会議は中止にしようか」など、臨機応変な対応もできます。

教職員・保護者・地域の対話の場「KGK」の発足

「これからの五条川小学校を一緒に考えませんか？（通称KGK）」という会を新たに始めました。これは、教職員と保護者、そして地域の人など立場の異なる大人が集まって、五条川小をよりよい学校にしていくために対話し、知恵を出し合う場です。

第１回の募集の際は、本当に集まるのかと不安でしたが、十数名の方が参加し、とても有意義で楽しい対話が実現しました。年度内に計３回実施しました。

■子どもが学びを自己決定する「自己調整タイム」

そんななかで新たに生まれた実践として、「自己調整タイム」も大きなチャレンジでした。全校で同じ時間に自習をする時間です。自習といっても、何を学ぶかをできるだけ一人ひとりの児童が自己決定・自己調整することを大切にしています。学習計画を立て、その時間の学習を振り返る時間もしっかりと確保しています。

これは、KGKの場で「自ら学び、未来を切り拓く児童の育成」という学校教育目標を共有し、「自己決定の機会を増やしていくといいよね」という共通理解のもと、生み出されたアイデアです。また、全校で同じ時間に取り組むことで、全学年の児童の学習の様子を全教員で見守ることができます。担当する時間を前半・後半に分け、ローテーションすることで、すべての先生の空き時間を生み出すことも両立させています。

子どもたちは、教科等の授業時間内にやり切れなかった課題や、従来は宿題として帰宅後に取り組んでいた漢字ドリルや計算ドリルの学習をしたり、塾の課題や興味・関心に応じた発展的な課題をしたりと、一人ひとりの実態に応じて取り組んでいます。保護者や地域の方からの反応も上々で、ボランティアで協力してもいいよと名乗り出てくださる方もいます。

研修後のストーリー▶市内での横展開の対話が動き出す

「本校がよくなるだけでは不十分なのでは？」という話が職員から出ました。公立の学校に勤める教員は、ずっと同じ学校で働き続けるわけにはいきません。遅かれ早かれ異動するタイミングがやってくるのです。現任校がよくなればなるほど、相対的に異動先の学校に対する満足度が低くなってしまう可能性が出てきます。

実際に、異動を控えた先生は、「五条川小から離れたくない！」「みんなも一緒に来て！」と悲痛な声をあげていました。異動してしまったらまた苦しい働き方に戻ってしまうとしたら、これは放置できない問題です。少なくとも市内どの学校に異動しても安心して働けるようにしていくことが喫緊の課題として浮かび上がってきたわけです。教育長の野木森さんからの承認も下り、正式に文部科学省の「学校における働き方改革の推進に関する調査研究」事業を横展開していくことが決まりました。

事例校からの感想

リデザインの視点でとくに印象に残っているのは、教師の働き方改革と授業改善が両輪であるという視点です。これまで働き方改革と授業研究は、業務の「引き算」と「足し算」という対極にあるものと思っていました。だからこそ、やりたいことの実現のために、プライベートの時間を犠牲にしていた部分もありました。

ですが、ワークショップで自分の仕事内容を見える化したり、職員全員で働き方や授業の改善に取り組んだりしたことで、業務の質や順番、職員の連携が大きく向上し、業務に余白を生み出すことができました。それにより、やりたくても諦めていたこともできるようになり、結果として私のモチベーションも上がり、さらに業務の質の向上にもつながっているように感じます。何より、学校全体でのマインド改革、同僚との協力・情報共有もいっそう進み、連携・協力体制が進んだと感じています。

さらに、同じような授業・業務改善を進める全国の学校と情報共有ができたことで、より効果のある方法へとブラッシュアップできています。その結果として、地域や家庭との連携による学校改革、教育課程の変更や職員室のリノベーション、そして自己調整学習や単元内自由進度学習の導入など、授業改善も加速し、それが子どもたちの学びにもよい影響を与えています。それがまた私自身のモチベーション向上にもつながり、業務改善を進めつつ授業改善を進めていくことが楽しいと感じています。

このリデザインを通じて、自分自身のマインドセットも大きく変わりました。常に目の前の仕事をこなすだけでなく、業務の見直しや改善点を意識するようになりました。結果として、仕事の質と自分の生活の質の両方が向上したと実感しています。おそらく、それは本校の職員全員にも共通していると感じています。その信頼感や安心感が本校の職員室に漂(ただよ)っていることが、何よりのモチベーションになっています。今後も、改善の歩みをとめることなく、職員全員で楽しみながら歩んでいきたいと強く思います。　　（岩倉市立五条川小学校現職教育部　松田祐平さん）

採用２年目で経験も少ないため、仕事の悩みが多くあります。ですが、本音で語る対話の時間がたくさんあることで、「困っているのは私だけじゃないんだ」と思い、どうしたらよいかを周りの先生方と一緒に考えることができます。日常的に多くの先生に相談することができるあたたかい環境のおかげで、自分１人だけで悩むのではなく先生方の豊富な経験をプラスして、よりよい新しい考えを生み出すことができる点が、対話をする一番の価値だと感じています。

経験年数や得意・不得意にかかわらず、まずはチャレンジしてみようというマインドが本校で広がっていると感じています。何度も対話を重ねることで、どんな理想を目指す指導なのかを教員の間で共通理解することができ、自分なりにアレンジして実践できる部分はないか考え、まずはやってみる前向きな気持ちが大切だと学びました。

研修をきっかけに、小学１年生から自己決定力を身につけることができるような指導に取り組んでいます。たとえばひらがなの丸つけでは、私が一方的に赤で直すのではなく、お手本そっくりに書けた字と、もっと丁寧に書けるので書き直す字を子どもに選んでもらいます。誰かに言われたからやるのではなく、主体的に学習に取り組むことができるよう試行錯誤しています。　　（岩倉市立五条川小学校　佐田しおりさん）

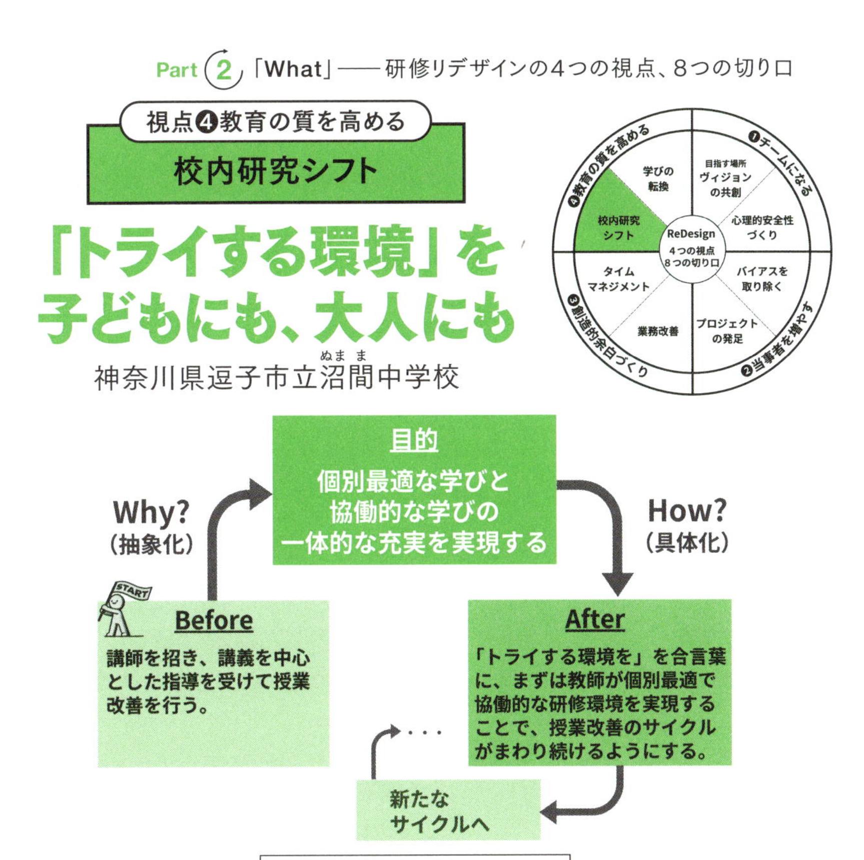

校内研究をリデザイン

個別最適な学びと協働的な学びの一体的な充実を実現したい

「個別最適な学びと協働的な学びの一体的な充実」の実現に向けて、逗子市立沼間中学校では主体的に学習に取り組む態度を育むための授業づくりについて研究していくことになりました。

当時の教務主任の佐々木さんと、研究主任の山田さんは、「そのためには、職員の研究も個別最適な学びと協働的な学びによる研究にしたい」と考え、工夫をしました。月1回確保されている校内研究の時間が、3ヵ月1セットで「アウトプット→アウトプット→インプット」という構成になっています。そうすることで、インプットだけではなく、授業で実践したことをアウトプットする場ができて一人ひとりの授業改善のサイクルがまわります。

従来型の校内研究は、テーマが決まっていて、その1つのテーマを学校全体で深めていくものが多いです。一体感を育むという意味ではよいかもしれませんが、教員によってそのテーマに合う・合わないがうまれてしまいます。そのため、沼間中学校では、個人テーマを決めて進めていくスタイルにリデザインしました。

個人研究テーマを立て、それをスプレッドシートで一覧にして共有しています。そうすることで、関連するテーマを立てている仲間との有機的な協働がうまれることがあります。また、テーマを可視化・共有化することで授業を観合う文化にもつながります。

1.5でも書いたように、中学校の仕組みとして教科ごとに観合う時間がなかなか確保できないことに問題があります。そのため、沼間中では教科をこえて対話し、情報を共有する横ぐしを刺すワークショップを実施することにしました。

■コンセプトの創造

実践や校内研修を進めていくにあたり、校長の熊谷さんと研究主任の山田さんと事前ミーティングをするなかで、「学校としてのコンセプトを決める必要がある」という話になりました。コンセプトとは、学校のビジョンに対して「こうやって行動していこう!」という指針になるものです(※コンセプトのつくり方についてくわしくは視点❹【学びの転換】志村小学校〈145頁〉参照)。

沼間中では、教員全体で対話し「トライする環境を」というコンセプトフレーズができました(図2-20)。これは、子どもにも、教員にも相似形の行動指針です。

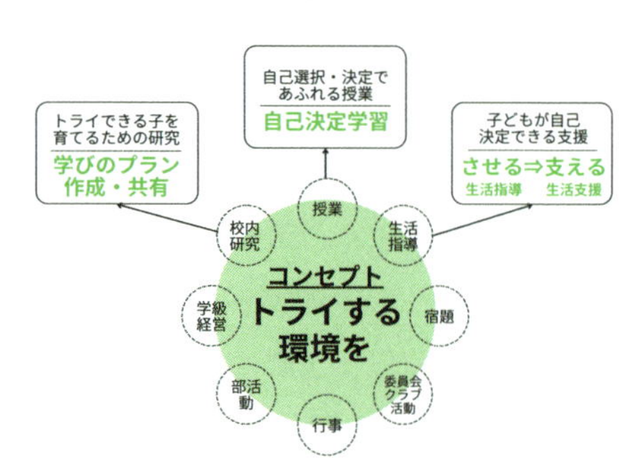

図2-20　コンセプト「トライする環境を」

このコンセプトができたことにより、さまざまなトライをする教員がさらに増えてきました。それは、コンセプトがあることにより安心感がうまれたからです。

相似形ワークショップ

前述のように、沼間中では校内研修の時間が月1回設定されています。3ヵ月1セットで構成されていて、4月アウトプット→5月アウトプット→6月インプットのような枠で実施されています。インプットの日には講師を招き、最先端の授業論や学習評価の在り方、授業づくりの方法などを学びます。アウトプットの日には、それまでの間に実践したことを共有し、それぞれの授業改善に生かす対話をします。ここで、教科の枠をこえた全教員での学び合いが充実することで、より自分の教科に生かすことができます。

そのキックオフ研修として、教師自らが自己決定的に進める学びを相似形で味わう「相似形ワークショップ」を実施しました。図2-21の資料を用いて、子ども

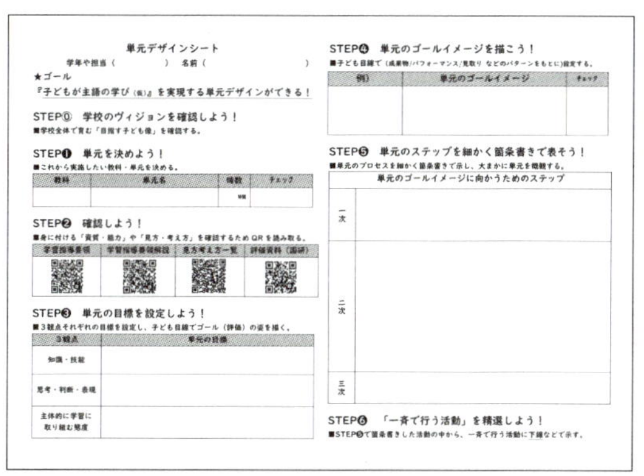

単元デザインシート

学年や担当（　　　）　名前（　　　）

★ゴール

『子どもが主語の学び(仮)』を実現する単元デザインができる！

STEP⓪　学校のヴィジョンを確認しよう！

■学校全体で育む「目指す子ども像」を確認する。

STEP❶　単元を決めよう！

■これから実施したい教科・単元を決める。

教科	単元名	時数	チェック
		時間	

STEP❷　確認しよう！

■身に付ける「資質・能力」や「見方・考え方」を確認するためQRを読み取る。

学習指導要領	学習指導要領解説	見方考え方一覧	評価資料（国研）

STEP❸　単元の目標を設定しよう！

■3観点それぞれの目標を設定し、子ども目線でゴール（評価）の姿を描く。

3観点	単元の目標
知識・技能	
思考・判断・表現	
主体的に学習に取り組む態度	

STEP❹　単元のゴールイメージを描こう！

■子ども目線で（成果物/パフォーマンス/見取り　などのパターンをもとに）設定する。

例)	単元のゴールイメージ	チェック

STEP❺　単元のステップを細かく箇条書きで表そう！

■単元のプロセスを細かく箇条書きで示し、大まかに単元を概観する。

単元のゴールイメージに向かうためのステップ	
一次	
二次	
三次	

STEP❻　「一斉で行う活動」を精選しよう！

■STEP❺で箇条書きした活動の中から、一斉で行う活動に下線などで示す。

STEP❼　単元のデザインをしよう！

■子どもの目線で学習過程を描く。（一斉の場面と、子どもが学ぶ場面を分けて考えることで、主体的・対話的で深い学びを実現する）

	一次	二次	三次
学習過程 一斉＝◆ 個協＝・			
学習課題	単元を貫くテーマ（大課題）		

STEP❽　ガイダンスに向けて準備をしよう！

■この単元で、子どもにとって学びの地図となる「学びのプラン」を作成する。

☑	学びの手引きチェック項目
□	ワクワクする単元名が設定されていますか？
□	単元のゴールイメージ（活動）が示されていますか？
□	評価が明確に示されていますか？
□	学ぶプロセスイメージが示されていますか？
□	学び方を生徒が自己決定していく上でのヒントは示されていますか？（別掲示物等でも可能）

TEP❾　ガイダンスに向けて準備をしよう！

■ガイダンスに必要な資料や、教材教具、環境などを準備する。

図2-21　「相似形ワークショップ」の研修用資料

たちが自己決定しながら進めていく授業を疑似体験できるような研修にしました。

内容としては、次のとおりです。

1「宝さがし」の対話
2 シートを使って教科ごとに対話
3 共有

1「宝さがし」の対話

1.2 の研修の機能(1)でも書いた「宝さがし」についての対話を実施しました。一人ひとりのこれまでの実践のなかに、必ずといっていいほど「子どもが自己決定しながら進めた授業や活動」の宝のような経験があります。これらを共有するなかで、あるグループで「実は最近も～な実践をしているんです」という実践共有の後に、「それいいですね！　わたしの教科でもやってみたい！」と教科の枠をこえる瞬間がありました。

教科を横断する大事な視点が見えてくると、学習指導要領で求められている、教科の枠をこえて育みたい資質・能力を意識した対話につながっていきます。中学校では教科という、ある意味「関係のコリ」があります。楽しく対話をするなかで、これらをほぐしていくことがポイントです。

■「宝さがし」の対話

2 シートを使って教科ごとに対話

各教科で集まり、手引き資料をもとに対話しながら進めていきます。まずはSTEP❶で、実践したい教科の単元を決めます。あらかじめ担当教科の教科書などの資料を持参するように伝えていたので、それを見ながら教科ごとに「この単元でトライしてみようか！」とワクワク感が高まる様子も見られました。

STEP❷❸では、単元づくりの一歩目となる身につける「資質・能力」などを確認し、設定します。STEP❹では、単元のゴールイメージを子ども目線で対話します。このシートの単元づくりの流れは「逆向き設計」という手法です。まずはゴールから決め、その後、STEP❺❻の学習過程の例を細分化して記載します。そしてSTEP❼で単元のデザインとして、子どもの目線で学習過程を描いていきます。STEP❽❾では、子どもたちにどのようなガイダンスを行うのか、また、何が必要かを対話します。

3 共有

最後に、各教科ごとにどのような単元で実施するのかを共有しました。その結果「観に行ってもいいですか？」と校内で学び合う文化がうまれる瞬間も見られました。

研修後のストーリー▶有志のプロジェクトチームの発足

■次々と起きる授業改善のムーブメント

研修実施後に研究主任の山田さんから有志メンバーによるプロジェクトチームの呼びかけがあったところ、そこで約半分の先生が参加していて驚きました。それだけ、火がついたということです。

山田さんが「この有志メンバーでどんなことをしたいですか？」と問うと、「学びのプラン（子どもに明示する資料）をアップデートしたい！」「授業を観合って高め合いたい！」「よりよい評価の実施方法をつくって他の先生に提案したい！」などなど、それぞれの理想があふれてきました。この有志メンバーが、さらに授業改善のムーブメントを起こしていきます。

翌月には、保健体育科教諭の松居さんが、先行実施で授業を公開してくれました。「この指とまれ」方式で来られた方で授業観察し、事後対話会を実施しました。この事後対話会に参加した方のなかで「わたしもやってみたい！」と授業改善アクションのムーブメントが起きていきました。それが個人研究テーマと関連していきます。他の先生の授業を観て、対話をすることで自分の課題を修正したり、再設定したりする姿がうまれてきたのです。これは、子どもたちの学びとまさに相似形といえます。協働的な学びを、個別最適な学びに生かす。個人テーマとは孤独ではなく、むしろ学び合いの充実につながっていくのです。

環境デザインで協働をうむ

■明るく、整えられた開放的な職員室

沼間中では環境が工夫されています。教頭の野口さんは「環境デザインをすることで、職員の協働がうまれ、同僚性を高めていくことができる」と考えました。

沼間中の職員室は、東南北の３面に窓があり、とても明るく、空間が整えられた開放的な職員室です。来校者は職員室に入ると「いいですね」と感心したり、笑顔になることもあります。これはとても大切なことです。職員室を訪れる保護者も、きれいな職員室と、その空間をつくる職員に好感を持ちます。生徒に「教室をきれいに掃除しよう」「ロッカーを整理整頓しよう」と声をかける際にも説得力があります。

■アイデアと工夫でハード面を整える

沼間中の職員室は個人スペース、共有スペース、休憩スペースと設備を整えています。とはいえ、職員室の環境を整える公の予算はありませんでした。アイデアと工夫、教職員の協力を得て、まずはハード面を整えました。環境デザインを整えるなかで、業務の質や

※沼間中の研修後のストーリーは、野口智津子さん（逗子市療育教育総合センター主幹、教育研究相談センター所長）の執筆をもとに作成しました。

量、人間関係、円滑なコミュニケーション環境といったシステムや規則などのソフト面が強化されたと感じています。

教職員に実施したアンケート調査で、「職員室の環境をよくしていくために、あなたにできることをお書きください」との問いに、「整理整頓に努める」「机上をすっきりと整えておく」といった環境を整える回答に加えて、「情報を共有する」「明るい言葉を増やす」「プラス思考」「皆で思いを出し合いたい」「整理整頓とポジティブな声かけを心がける」「動くこと。自分ができることは、積極的に行う」「会話を楽しむ」等の回答が出されました。

個人スペースは校長、教頭、教務主任の机が並ぶその前に、先生方の事務机が向かい合わせで、学年ごとにまとまり川の字に並んでいます。各自の机上は整理整頓され、教頭の席からは職員室の様子が見渡せます。職員も互いに声をかけやすい環境です。

共有スペースには、高さ91cmのロッカー2台を背中合わせにして、集成材を天板として載せたハイスタンドカウンターを設置しています。また、すぐに作業がきるようにペーパーカッターや穴あけパンチ、ラミネーターを設置した作業スペースがあります。その周りには紙類やラミネートフィルム、作業に必要な小物が整えられています。準備や片付けが簡単にコンパクトにできる環境は、作業への気持ちを前向きにし、作業効率も高まります。

さらに、フリーアドレススペースには大きなテーブルを4台くっつけて置いてあります。このスペースは巡回の教育指導員やスクールカウンセラー、学習支援員、ボランティアや先生方が自由に使い、情報共有が自然に行われます。

休憩スペースにはソファとパーソナルチェアが設置してあります。入り口からは、ホワイトボードで死角になっており、生徒や来客等の目を気にせず休憩できるように配慮されています。このホワイトボードは、フリーアドレススペースで行われる対話を可視化したり、プロジェクターの映写スクリーンにしたりと、自由に活用されています。

■環境デザインが関係づくりや意欲、クリエイティブな教育活動につながる

こうした環境デザインは、教職員どうしが自然に声をかけ合い、アイデアや思いを共有し、サポートし合う関係づくりにつながっています。

また、職員のストレスも軽減されます。それは職員に行ったストレスチェックの集団分析結果にも出ています。気持ちに余裕ができたことで、生徒や保護者との関係にもよい影響を与えていると感じます。この効果は、先生方が本来持っている実力を発揮しやすくし、さらによくしようという意欲にもつながります。今回の校内研究のリデザインに対しても、教職員の協働的な学びの一翼を担っていると思います。

個別最適な学びと協働的な学び等の実践が進められるなかで、学習環境の整備や工夫が学校全体に広がっています。たとえば、教職員と図書委員会で図書室のレイアウトの改善が進められ、自学自習スペース、畳やハンモック、パーソナルチェアの設置が行われています。旧パソコン室は机やイスを片づけ、オープンなスペースにしました。生徒はカー

ペットに車座になったり、昇降式机でイスに座ったり、スタンドにしたりして対話をしたり学びを深めたりしています。快適な環境デザインは教職員や生徒のクリエイティブな教育活動にもつながっています。

事例校からの感想

お菓子選びから始まった4月1日の研修。なごやかで話しやすい環境を整えられました。「主体的に取り組む態度とは？」を研究テーマとし、「先生方それぞれが今やっていることは間違っていない、みんながんばっている。このままみんなで“わくわく探究”していこう」と、まずは教職員一人ひとりが主体的に“わくわく探究”しようという雰囲気で、それぞれのバイアスを取り除きながら、「トライできる環境を」をコンセプトとして前向きに研究をスタートすることができました。

年間を通しての校内研究の流れは「アウトプット→アウトプット→インプット」をベースとして、月1回の研修を設定。「学びのプラン」を全教科で活用した授業実践とし、“主体的に取り組む態度”の見取りや評価方法、そこから「粘り強い取り組み」「自己調整力」を生み出す仕かけづくりを、教科をこえて情報共有していくことで、新しい課題の発見や実践構想を練ることができました。自らが先に考えることで、インプット研修もよりいっそう自分事として捉えることができたと考えています。

リデザイン研修を通して大きく変容したのは、職員間での情報共有が教科をこえて多くなったことです。それぞれがなんとか授業をよくしようとする気持ちが強く伝わり、職員室環境も向上させ、活気ある雰囲気をもたらしていると私は感じます。今後も全職員一丸となって主体的にわくわくする気持ちになれる職場環境の向上と、授業力向上に努めていけたらと考えています。

（逗子市立沼間中学校研究主任　山田智昭さん）

研修で紹介された「子どもの自己決定」を大切にした授業展開に心を打たれ、私も生徒たちが主体的に学習に取り組むことができる保健の授業を、「単元内自由進度学習」のような形で実践してみたいと思い、授業実践者として立候補しました。授業をつくっていくなかで、今までの自身の授業を振り返るための、「棚卸し作業」を行いました。これを行ったことで、１単位時間を生徒に委ねるだけでなく、単元全体を生徒に委ねることに加え、最終的に、Who（誰と学ぶか）・Where（どこで学ぶか）・When（単元内を学習する順番）・How（学ぶ方法）を生徒自身がカスタマイズすることができれば、主体的に授業に取り組むことができるのではないかと、新たな視点を得ることができました。また、今まで学びのプラン（生徒に配布する単元計画）に載せていた評価規準は、自己評価に使えるようチェックボックス化し、生徒が自身で学習を振り返ることができるよう授業の在り方もリデザインしました。

初挑戦となる今回は、生徒に傷害の防止という単元をグループでまとめていく学習と説明し、学びのゴールを「小学生に説明ができるようにする」と設定したところ、むずかしい言葉や漢字をあまり学習していない小学１年生を対象にスライドや新聞を作成した班、行動範囲が広がり、自転車に乗る機会も多いと想定される小学６年生を対象にした班など、班ごとの創意工夫が見られました。こちらの想像を超えたこれらの創意工夫は、まさに、生徒が主体的に学習に取り組めているからこそであると確信しました。

単元の終わりに授業アンケートをとったところ、大半の生徒が、主体的に取り組めた、自分で進めているから頭によく入る、仲間と協力するのが楽しかったなど、肯定的な感想を持っていることがわかりました。一方で、改善できる点もまだまだあるので、これからも自身の授業をリデザインし続けていきたいです。

（逗子市立沼間中学校保健体育科　松居佳祐さん）

視点❹教育の質を高める

学びの転換

だれ一人取り残さない研究の在り方の創造

東京都板橋区立志村(しむら)小学校

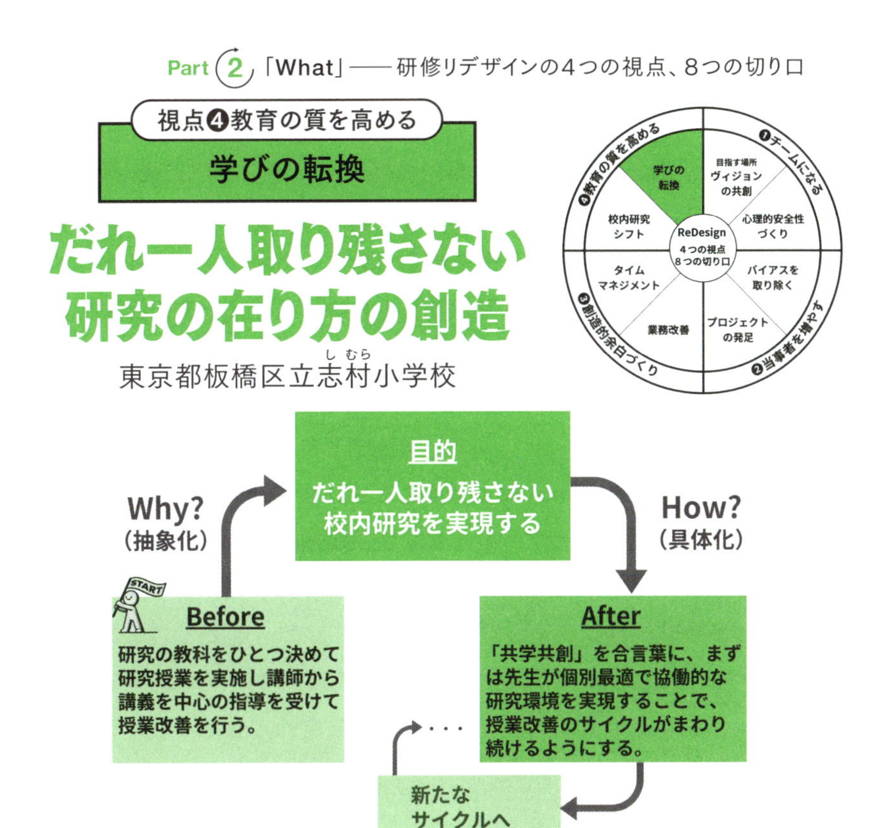

授業改善研修をリデザイン

「子どもが主語の授業」に学校全体で取り組みたい

1.1でも紹介した板橋区立志村小学校では、研究主任の松田さんがリデザインした2023年度の研修をきっかけに実践がどんどん起こり始めました。組織の方向性として「子どもが主語の授業をやっていこう！」となったこともあり、チャレンジであふれていきます。

さらに、2024年度もムーブメントはとどまることなく、校内研究主任の粟飯原さんを中心に、「子どもが主語の授業」をメインテーマとして探究し続けていました。

他方で、教職員の異動もあり、子どもが主語の学びを研究する目的や研究の方法を改めて共有していく必要が出てきました。これまでの実践から大きく転換していこうとするなかで、どうしても意識に個人差が出てきます。これは、昨年度からいた教職員も同様で、「実践をしていきたいけど、本当にこれでいいのか？」と不安になることが多いのも事実です。学校全体で「子どもが主語の授業」を実施していくために、トリガーとしての研修という打ち手が必要な状態でした。

ゼミの発足

研究主任の粟飯原さんは、授業改善をしていくうえで学び合う環境が大事だと考えました。そこで、教職員が「自分が授業改善をしたい教科」ごとに集まってチームをつくり、大学のゼミのように進めていく方法にリデザインする提案をしました。「国語」「算数」「理科・社会・生活・総合」「体育・音楽・図工」の４チームができました。年間を通して学び合うチームの誕生です。

ゼミでの学び方は、次のようです。

1 日常的に授業実践＆観合う
2 毎週水曜日15:30～「この指とまれゼミ会」の開催、月１回の全体ゼミシェア会

1 日常的に授業実践＆観合う

一人ひとりが授業実践をするとともに、ゼミ内でお互いの授業を観合うチームも出てきました。もちろん、学年のなかで授業を観合う文化もこれまでどおり大切です。それに加えて、他学年、専科などさまざまな教職員どうしの関わり合いがうまれることもねらったのです。

それは、他教科での創意工夫が、自分の教科に生かされていくことがあるからです。さらに、教科を関連づけていくことは、児童の学びからも重要な視点です。生かし合うだけでなく、教科横断的な協働がうまれることもあるからです。そのために、授業の予定がわ

かるように、職員室に貼り出したり、配布したりしました（図2-22）。

このように、関係のコリがしだいにほぐれ、教科をこえた協働がうまれると、よりよい教育創造につながっていくことがわかります。図2-23のように、「いつ、だれがどのような実践をするのか」を可視化し共有化することで、より「観合う」のハードルが下がります。スプレッドシートで共有しているため、いつでもどこでもタブレットで見られるようになっています。

校内自由進度(仮)授業予定

○月○日(○)～○月○日(○)

	月	火	水	木	金
1					
2					
3					
4					
5					
6					

図2-22　授業予定を共有

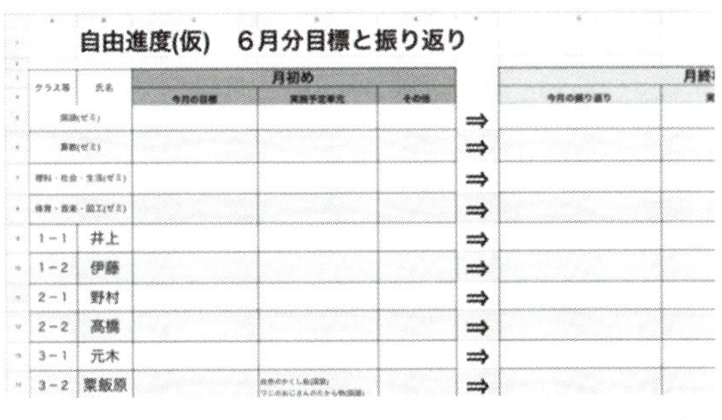

自由進度(仮)　6月分目標と振り返り

クラス等	氏名	月初め 今月の目標	実施予定単元	その他		月終 今月の振り返り
国語(ゼミ)					⇒	
算数(ゼミ)					⇒	
理科・社会・生活(ゼミ)					⇒	
体育・音楽・図工(ゼミ)					⇒	
1－1	井上				⇒	
1－2	伊藤				⇒	
2－1	野村				⇒	
2－2	髙橋				⇒	
3－1	元木				⇒	
3－2	粟飯原				⇒	

図2-23「いつ、だれが、どんな実践をするのか」を共有

2 毎週水曜日15:30～「この指とまれゼミ会」の開催、月1回の全体ゼミシェア会

教材研究は基本的に個人で行うのが一般的ですが、多くの方は個人で考えるのみでは苦労されていると思います。また、若手からも「どうやって教材研究をすればよいかわからない」とよく相談されます。

そこで志村小では、共同で教材研究などが可能な「この指とまれゼミ会」を毎週水曜日の15:30から行っています。強制参加ではありませんが、教材研究の相談ができ、若手を中心にありがたい場となっています。中堅やベテランにとっても、新しい視点やノウハウを共有することができ、有意義だと感じています。教材研究だけではなく、悩み相談や教材開発なども行われています。

■教材研究や悩み相談、教材開発を行う「この指とまれゼミ会」

■コンセプトの創造

このゼミの発足にあたって重要なことは、「共通の行動指針をもつこと」だと研究主任の粟飯原さんは考えました。各チームで進めるゼミは、プロジェクト的な学びです。進めていくうえでよりどころとなる概念をもたないと、各プロジェクトごとに目指す方向がバラバラな浅い学びとなるからです。

そこで鍵となるのが「コンセプト（行動指針）の創造」です。コンセプトは直訳すると「行動指針」です。これは、ヴィジョンのもとで「こうやって行動していこう！」という指針です。学びの方向を示すコンパスとなります。

共通のコンセプトをつくるよさが3つあります。

①一貫性がでる

ヴィジョンに向かう道ができるイメージです。さまざまな教育活動を行っていくうえでの矢印がうまれ、迷うことが少なくなります。児童にとっても、安心して学校生活が送れるようになるメリットもあります。これが一貫性です。

②判断基準ができる

教職員はそれぞれ異なる経験や価値観を有しています。多様性があるのはもちろんよいのですが、行動指針があまりにもバラバラだと、児童が混乱します。でも、だからといって方法をそろえようとすると多様性が生かされず、望ましい方向に進まないこともあります。そろえるのが判断基準で、それによりむしろ多様な方法の実践が可能となります。

③納得解がうまれる

学校ではさまざまな合意形成の場面があります。その際、何をよりどころにして意思決定をすればよいかがわからないと、対立構造に陥りやすくなります。そこにコンセプトがあることで、「コンセプトに沿うのは、A案かな」と納得解がうまれやすくなります。

コンセプトづくり研修

研修までに一度だけ事前ミーティングを実施しました。そのなかで、「先生方が本音で対話しながら、ワクワクしてくる時間にしたい」という思いを共有した結果、「コンセプトづくりワークショップ」を行うことになりました。

研修の内容としては、

1 各教員の実践共有
2 教育をするうえで大事にしていることの共有
3 KJ法でキーワードをくくる
4 抽象化したコンセプトの創造
5 コンセプトをもとに教育活動を再構築

の5つをワークショップ方式で進めました。この日のゴールは、「コンセプトを創造し、ワクワクする」でした。そのため、最終的には行動変容につながる納得のいくコンセプトをつくることをミッションとしていました。

1 各教員の実践共有

他校での講師やイベント登壇などの機会でもない限り、日頃、自分の実践を他人に話す場はそうあるものではありません。そこで、まずはそれぞれの「実践やこだわり」を承認しながら共有することにしました。各自の実践を語ることを通して、お互いの価値観に触れながら「関係のコリ」がほぐれていきます。尊敬の念の高まりは、お互いの日頃を知ることから始まるのかもしれません。

2 教育をするうえで大事にしていることの共有

それぞれの実践共有が枝葉（What）だとしたら、幹（Why）の部分を共有していきます。なぜ、そのような実践をしているのか。何を大事にして日頃教育活動を行っているのか。このあたりをキーワードとして出し合うことで、見えにくいところが共有されます。

3 KJ法でキーワードをくくる

キーワードで出したものを、KJ法でくくり、抽象化していきます。たとえば、キーワードで「子どもが自ら考え、行動する」「子どもが自ら学ぶ」「子どもが決める」が出たら、「自己決定」とラベリングをし、くくります。

4 抽象化したコンセプトの創造

キーワードのラベリングをもとに、コンセプトの言葉をつくっていきます。ここは難易度が高い作業です。抽象化された言葉をさらに抽象化していく高次な思考だからです。

ここでのポイントは

・その学校ならではの発想はあるか？
・常に意識できるシンプルな言葉か？
・あなたの体温をあげる言葉か？
・教師が主語の行動指針であるか？
・行動指針になるフレーズか？

などです。これらを意識しながら作成していきます。組織のコンセプトは多くの企業で掲げられていて、インターネットで検索すると、

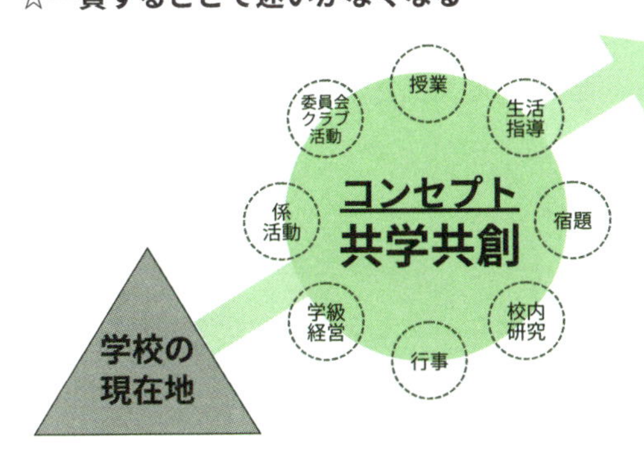

図2-24　コンセプトの創造

実に多様で、思いのこもったコンセプトを見ることができます（図2-24）。

5 コンセプトをもとに教育活動を再構築

志村小のコンセプトは、「共学共創」に決まりました。最終的に決戦投票で決まったのですが、思い入れのある強いフレーズとなりました。実は、この「つくる過程」が重要なのです。それは、つくることを通して一人ひとりがヴィジョンを意識できるからです。そして、ヴィジョンを実現させるための行動指針を考えることを通して、さらに強いチームになっていきます。

だからこそ、つくった後に何をするのかが重要です。ヴィジョンもコンセプトもつくった後で掲示されて終わり、あとはお飾りになるケースも散見されますが、非常にもったいないです。つくった後に、「そのもとで日々の教育活動をどう再構築するのか？」という対話を行うことをおすすめします。

コンセプトをつくる研修により、組織の目指す方向性ができました。その方向性は、心理的安全＝心地よい風土にもつながります。「関係のコリ」をほぐすには、ただ対話をするだけではなく、ヴィジョンのような「目指す場所」、コンセプトのような「行動指針」をつくる対話を行うことが重要です。それこそがチームとなっていくプロセスです。

事例校からの感想

何から始めたらよいのかわからない先生には、学びの手引きとオリエンテーションの紹介が非常に効果的でした。単元内自由進度学習を単元で捉える視点が身につきました。また、児童に単元内自由進度学習のイメージをもたせ、行動させる方法が理解できました。

指導法を変えなければならない不安に対しては、授業全体の２割程度を目指せばよいという指標を得ることで、指導法をガラリと変えるのではなく、自分の指導の引き出しに単元内自由進度学習が増えるという捉え方をすることができました。

職員室内でも、積極的に単元内自由進度学習を取り入れてみようとする先生と消極的な先生とに分かれていたので、少しずつ研究の灯を広げていくイメージで任意参加の研修の時間を意図的に多く設けました。講師の大野さんに同席していただき、その場で出てきた疑問や課題をすぐに話し合えたのがとてもよかったです。現在は、

・単元内自由進度学習を進めるうえで教科ごとの特性に合わせた指導法
・単元内自由進度学習を取り入れる前に児童に育んでおくべき力
・単元内自由進度学習を行ううえでの指導上の留意点

などについて研究を進めています。

（板橋区立志村小学校教務主任　松田友助さん）

最初に研究主任を任されたときは、正直何から始めたらよいのかわかりませんでした。そこで大野さんや前研究主任と話し合いながらリデザインしていきました。私も最初は半信半疑でしたが、進めていくと研究に向かう先生方の姿勢や、何より子どもたちの姿が大きく変わっていくのを実感しました。その姿を増やすために自分にできることは何かを考えることが大切だと気づき、先生方と話し合いながら試行錯誤してきました。

たとえば、週に一度のミニゼミ会ではさまざまな悩みを持ち寄りながら教材研究をしたり、学級経営についての話をしたりすることなどでいろいろな視点を得ることができるようになったり、いつ誰が何の授業をしているのかを視覚化することで他の先生方の授業を見ることができる機会が増えたりしています。

現在、志村小学校では研修や研究を「ただやる」のではなく、コンセプトを考え指針を明確にすることで教職員全員が同じ方向を向いて研究などを行うことができています。令和６年度には、単元内自由進度学習という切り口で研究をしていましたが、「志村小ならではの在り方にしたい」という声が出てきました。そこからアイデアを出し合い、「志村アドバンス」という名前になりました。

このように、志村小としての研究の在り方をまさに「共学共創」できたことは、とても大きいです。

今後もさらによりよい学校になるように研修や研究を進め、全員で共に学び共に創っていけるようにしていきたいと思っています。

（板橋区立志村小学校研究主任　粟飯原美咲さん）

視点❹教育の質を高める

学びの転換

成長が止まらない、校内研究の在り方

神奈川県鎌倉市立御成（おなり）中学校

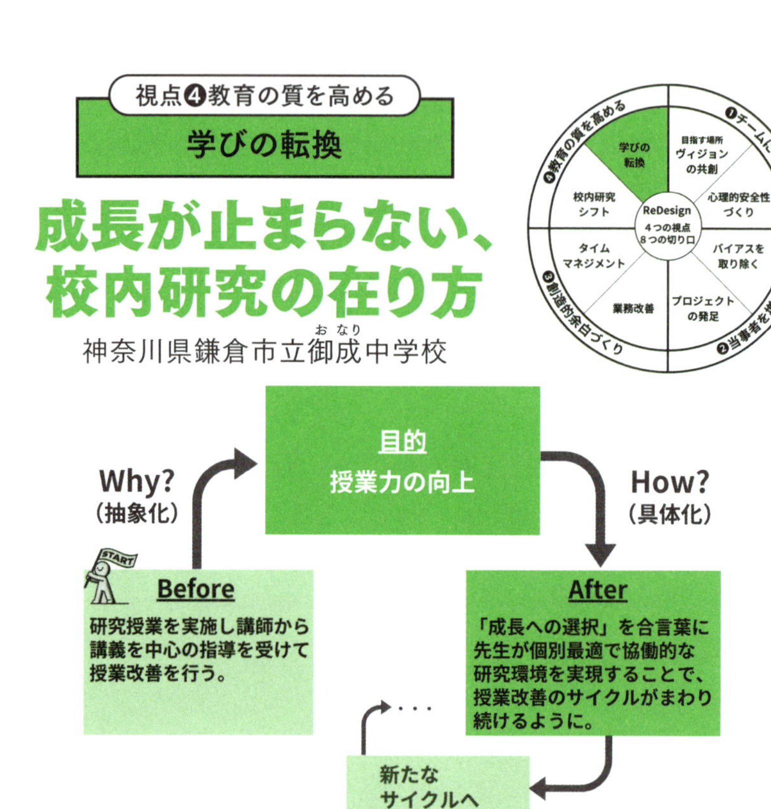

校内研究を再構築し、学びの転換を図りたい

■学校として目指す姿を再構築

鎌倉市立御成中学校では、2023年度まで３年間の指定研究を受けていました。教職員一人ひとりが研究テーマを設定して１年間取り組み、その成果を発表し合いました。研究発表会は、そのテーマ研究の発表と、講師の講演の二本立てでした。

2024年度は市の指定研究が終わったので、校内研究を転換することにしました。そのために、まずは学校として目指す学校のグランドデザイン自体をつくり直そうということになりました。グランドデザインはヴィジョンを実現するための「見取り図」として示されることが多いです。

視点❶【ヴィジョンの共創】長原小学校（55頁）でも書いたとおり、ヴィジョンというのは、飾られているだけになっていることもあります。もちろんつくられた当時の思いがこもっているわけですが、公立学校は異動もありますし、学校をめぐる状況も変わっていきます。だからこそ、御成中のようにグランドデザインを再構築していくことが重要なことがわかります。

同年５月に当時の教育長であった岩岡さんが御成中の教職員向けに講演会を行いました。校長の小日山さんは「教育長が“未来”について語ってくださったことが大きかったと思っています。どこに向かうのかを教職員で対話していくことで、“遠くに見える目指す姿”を再構築していこうという流れができました」と言います。これがトリガーになり、自走に向かうのでした。

■コンセプトをつくる

御成中での再構築の流れとして、まずはコンセプトからつくることにしました（図2-25 ※コンセプトづくりについては視点❹【学びの転換】志村小学校〈145頁〉参照）。

御成中では研究主任の伏見さんを中心に、全教職員での２回の対話を経て、つながり、支援、学習活動、探求活動、生徒活動の５つ

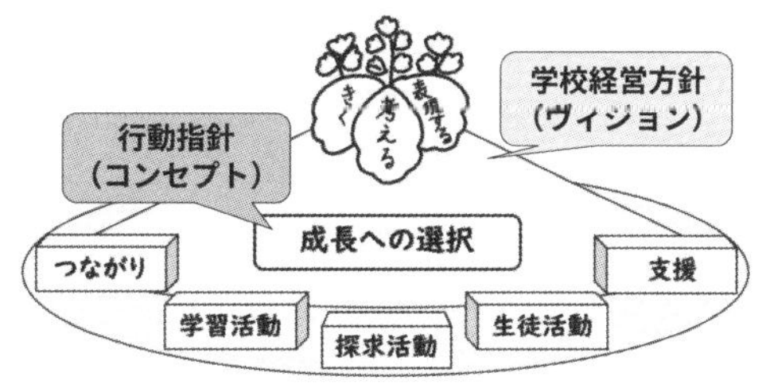

図2-25　対話を経てコンセプトをつくる

の手立てをもとに、「きく・考える・表現する」の３つの資質・能力を育むことを目指しています。その際の行動指針となるコンセプトは「成長への選択」に決まりました。そして、できる限りシンプルな内容やデザインにすることで、常に意識できる日々の教育のよりどころであり、目指し続けるゴールになるように、図2-25のようにコンセプトを整理しながら、グランドデザインの再構築を図っています。

校内研究の転換

コンセプト「成長への選択」をよりどころにしながら、校内研究を再構築し、学びの転換を目指していくことになりました。

学びの転換を図る際に、よくある校内研究の落とし穴は「一部の教職員のみで進む」です。たとえば、一人の教員が研究授業を行い、その授業について講師から講義型で指導・助言を受けるという方法です。この方法でも学びが多いことは間違いありません。しかし、「教職員一人ひとりの授業力が向上する方法か」と問われると、改善の余地があるかもしれません。

御成中では、「成長への選択」というコンセプトを意識しながら、全教職員でヴィジョンを実現するための学びの転換を目指すことができています。研究主任の伏見さんは、新しい校内研究の方法として、「動画リフレクション研修」を提案しました。数人のチームに分かれ、そのチームごとに自分の授業動画を観ながら対話をする方法です。具体的な内容は、次のとおりです。

1. チームづくり
2. チームごとに動画を撮り合う
3. 動画を観ながらリフレクション対話
4. 学んだことの共有

1 チームづくり

年数や教科をバランスよく混ぜて数人のチームをつくります。ここは、あえて他の教科どうしで組むようにすることで、異なる視点が共有できたり、教科をこえた横断的な価値に気づけたりすることをねらいました。

2 チームごとに動画を撮り合う

動画リフレクション研修のために、チームメンバーの授業動画を撮り合います。時間を合わせるのは大変ではありますが、お互いに授業を観合う文化をつくるために、このような仕組みにしています。

3 動画を観ながらリフレクション対話

研修当日は、チームごとに分かれて対話をします。まずは、撮った動画を順番に上映していきます。自分の授業を観ながらというのは恥ずかしさもあるかもしれません。ただ、実際に授業で学ぶ子どもたちの目線でリフレクションができるという意味で意義があります。

■授業の動画を見ながらリフレクション

自分の授業を動画を通してリフレクションすると、たくさんの気づきがありました。ある教員は自身の動画を観ながら「こんなにも教師が話しているのか……。もっと子どもの学ぶ時間を増やしたいなぁ」「ここは説明するのではなく、子どもたちから引き出したいなぁ」「注意が多いね。もっと、子どもたちを認めたり、励ましたりする機会を増やしたい」などと、自ら改善点をあげていました。
チームメンバーからは、押しつけるような発言は全くなく、「～をするとしたら、～を取り入れるのはどうかな？」などあくまでもその先生が目指したい姿の延長線上の提案が多かったです。すると、その先生は「やってみます！」と前向きにアクションプランを立てていました。さらにその後のストーリーとして、全職員がどこかしらのプロジェクトチームに所属し、グランドデザインを自律分散型でつくりあげていくプロセスを、本書を執筆している2025年1月現在進めています。

4 学んだことの共有

それぞれのチームでどのような対話をしたのか、どんなリフレクションがあったのかなどを共有します。スプレッドシートの一覧にまとめてあるため、それぞれの気づきが全体で共有され、さらに自分自身の気づきが広がって深まります。まさに、個別最適な学びと協働的な学びの一体的な充実がここにあります。
授業改善とは、個別最適な教員の学びといえます。担当によっては年間1,000時間程度ある授業を、日々改善していく営みは個別の学びであり、このように動画を観ながら対話することで協働的な学びをうみ、それを個別の学びに生かしていきます。ここでも子どもの学びの相似形として、個別最適な大人の学びと協働的な大人の学びが教職員にも求められていることを体感することができました。

事例校からの感想

ある企画会議で小日山校長先生から「来年度以降、今あるグランドデザインを一新したいと思っている」とメンバーに伝えられたとき、やけに見られているなぁーと嫌な予感がした日のことは今でも忘れられません。その数日後、那須先生と一緒に校長室に呼ばれ、グランドデザイン一新プロジェクトを任されました。

そのときZoomで大野さんと初めてお会いしました。大野さんの第一印象は、とても力になってくれる人だなと感じました。なぜならその会議のなかで、グランドデザインのことについて思っていることをストレートに（やるのめんどくさいなー、大変なことだなー、うまくできるかなー）話したのを、温かく聞き入れてくれ、なおかつ自分の考えをうまくリフレクションしてくれ、少し前向きな気持ちで今回のプロジェクトに取り組もうと思えたからです。

そのなかで一番心強かったのが、このグランドデザインを一新していくことの価値づけをしてくれたことだと思います。なぜ、グランドデザインを変える必要があるのか、なぜ職員全員で考える必要があるのか、それを行うとどんなよいことがあるのかなど、行っていることについて大野さんが一つひとつ実践例・理論をもとに説明してくれました。この説明を聞くと、このプロジェクトには大きな意味があり、自分事として職員全員が感じられるものにしていこうという気持ちが高まり、目指すべき方向性が決まりました。

グランドデザインを再構築するにあたって、一番のポイントだったのは、御成中の職員だけで考えず、一緒に考えてくれる（伴走してくれる）人を巻き込んで取り組めたことだと思います。

（鎌倉市立御成中学校研究主任　伏見允伸さん）

一般的に、研究授業は一人または選ばれた数人の教員が担当することが多く、その際はグランドデザインを「意識」して取り入れた授業を展開します。しかし、御成中が目指している授業研究の姿は、日頃から「成長への選択」を意識した授業づくりができるかだと思います。だからこそ、動画リフレクション研修は大変有効でした。なぜなら、動画を撮影するという名目で、普段の授業を見学できますし、ありのままの生徒の姿を映し出すことができるからです。常日頃の授業のなかで、「どれだけ『生徒が選択する場面』があるのか」「その選択は、成長につながるものになっているのか」など、等身大で検討することができました。再構築したグランドデザインは、目指す生徒像の向上とともに、教員もまた成長へ向けての選択を考えるよいきっかけになったと思います。

（鎌倉市立御成中学校　坂井奈緒さん）

日頃授業について抱えている思いや悩みを気軽に共有できたことがよかったです。３人というグループ構成も年代や経験年数をあまり気にせず意見を言いやすい人数構成でした。また、撮影した授業を客観的に見返すことで、発問が知識を思い出させるだけのものになっていたり、生徒の様子が受け身になっていたりと、授業をしている立場では気づかないことにも気づくことができるよい機会でした。

たとえば、私のグループでは生徒が自分の考えを発信できるような発問の工夫や、生徒の主体性をのばすための授業の展開などについて話をしました。生徒が主体的に考えたり活動したりできるようにするために必要な知識を教えなくてはいけませんが、教えることに偏らないように、生徒が自ら主体的に考えたり活動に取り組んだりする時間も適切に設定することが大切であることを再確認しました。研究授業や研究協議のときだけでなく、日頃から授業についての思いや悩み等について気軽に共有していける職員室の雰囲気づくりが大切であると感じました。

（鎌倉市立御成中学校　吉積絢子さん）

2.3 事例校のGOOD改革の共通点

1.2では、研修という概念において「つくる」「つなぐ」「育てる」「動かす」「見直す」「整える」という6つの基本性質を提案しました。さらに、研修には6つの基本性質を横で貫く次の6つの機能があることも提案しました。

(1)研修は、組織に目指す方向性を与えチームをつくる
(2)研修は、思考を刺激し、対話を誘発することで、個人の内省を促す
(3)研修は、学校課題に向き合う当事者をうみ、関係性を再構築する
(4)研修は、組織開発のサイクルをうむトリガーになる
(5)研修は、越境やロールモデルとの出会いにより、自己革新が誘発される
(6)研修は、環境や仕組みを見直し、ハード面も改善する

12の事例で紹介した学校における研修も、このなかのどれかに該当したり、複数が組み合わさったりしていたと思います。

「研修の定義」を、「学校経営方針の実現を目指す観点で、思考と関係のコリをほぐし、教職員一人ひとりの自己革新を促進する学びの場」としていました。まさに、事例校における研修では、リデザインを図ったことで、ただ楽しいだけではなく、対話を通して思考や関係のコリをほぐし、組織開発のきっかけを生み出しました。研修後のストーリーや感想にもあったように、思考や関係のコリがほぐれた組織では、リデザインのサイクルがまわり続けることが多いのです。

事例校の研修の切り口は、実態に応じて多様でした。ここでは、「なぜ、これらの組織は変われたのか？」という問いで出発し、「変われたのには何か共通点はあるのか？」という視点について、組織開発を手がかりに探究してみます。

組織開発の定義

組織開発の定義は複数ありますが、南山大学教授の中村和彦氏の著書『入門　組織開発』(2015年、光文社新書)のなかで、コロラド大学のドン・ウォリック氏によるものが次のように紹介されています。「組織開発とは、組織の健全さ(health)、効果性(effectiveness)、自己革新力(self-renewing capabilities)を高めるために、組織を理解し、発展させ、変革していく、計画的で協働的な過程である」(81頁)。

○健全さ：良好な関係性がある

組織開発を通して、個人が組織とのつながりを感じることができて主体的でいられることを目指します。心理的安全性とも密接に関わる視点であり、支援関係がうまれるイメージです。

○効果性：目標達成ができる

組織開発を通して関係する人々が納得して目標に向かって協働していくチームを目指します。その結果、効果的に仕事を進めて目標を達成したり、成果を出したりできるようになるイメージです。

○自己革新力：自ら変わり続ける力

組織開発の究極の目的は、チームや組織の自己革新力を高めるためと言えます。自己革新力が高まったチームや組織は、自ら変わり続け、持続的に機能することが可能になるイメージです。

また、同書には次のような一文があります。「組織開発の本来の意味は、『組織内の当事者が自らの組織を効果的にしていく(よくしていく)ことや、そのための支援』です」(70頁)。

組織開発の手法から、事例の共通点を考える

以上の定義を踏まえつつ、組織開発の手法に目を向けていきます。中原淳氏・中村和彦氏は、共著『組織開発の探究』(2018年、ダイヤモンド社)で、組織開発をシンプルにSTEP 1「見える化」、STEP

2「ガチ対話」、STEP3「未来づくり」の3ステップで表現しています。

STEP1「見える化」では、組織の問題を可視化します。見えやすい問題から始まり目に見えにくい部分で起こっていることを可視化し、メンバーそれぞれの捉え方や現状の感じ方を明らかにします。

具体的には、一人ひとりに対するヒアリングなどによるデータ収集、データ分析、フィードバック・ミーティングなどを行うことが多いです。これらを通して、「行事の在り方が目的と乖離している」「もっと教材研究をする時間がほしい」などといったメンバーの現状認識を知ることができるのです。

STEP2「ガチ対話」では、関係メンバー（必要に応じたメンバー編成が可能）で集まり、日頃は思っていても伝えられていない思いや意見を話していきます。すると、対話を通して捉え方や思い込みに変化が起き、新たな気づきを得られることがあります。思考のコリがほぐれるともいえます。

具体的には、「教材研究をしているけど、正直不安ばかりで遅くまで残ってしまう」といった意見が出たとします。すると、「実は、まわりの先生も忙しそうで、申し訳なくて質問ができない」と、思いがけない気づきに出会えるかもしれません。このように、STEP2では対話を通して「何が根本的な真因なのか」を探りながら、共通認識をもつことを目指していきます。

STEP3「未来づくり」では、STEP2のガチ対話で得た問題への共通認識をもとに、どのように対策していくのか、解決策を計画します。つまり、ここでようやくアクションの計画フェーズに入るのです。組織開発においては、STEP1とSTEP2のように、「問題解決」

を考える以前に、根本的な原因である真因を解決するための「真の課題発見」が重要であるといわれています。

この「見える化→ガチ対話→未来づくり」のステップを踏む手法が（**図2-26**）、紹介した事例校の共通点といえます。

この組織における真因はなにかを明らかにする対話（見える化）を通して、本音を大切にした対話（ガチ対話）を行い、真の課題を解決するアクションについて対話（未来づくり）し、計画・実行していく過程。これはまさに組織開発の過程なのです。そのうえで、事例校では管理職だけではなく多くの当事者が主体的にアクションをしていく姿が見られたはずです。この「改革の当事者をうむ」ということのよさも、組織開発にはあるかもしれません。

このような過程を「対話型組織開発」と呼びます。事例校では「対話」を大事にしています。それは、目に見えにくい真因を探り、

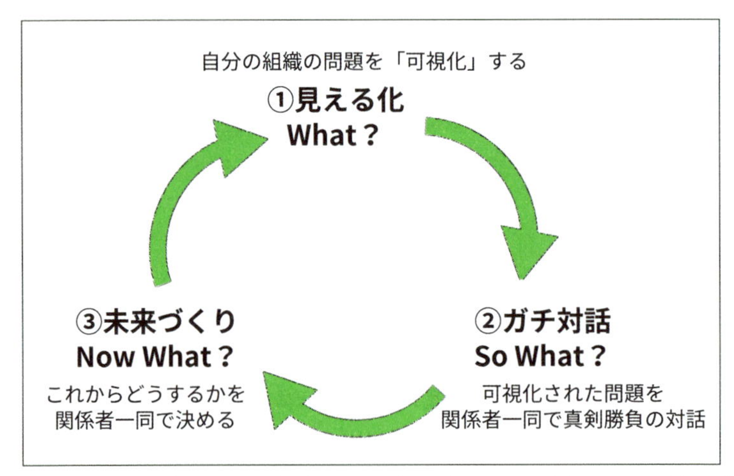

（中原淳・中村和彦『組織開発の探究』〈2018年、ダイヤモンド社〉41頁、図表4「組織開発の３ステップ」を引用）

図2-26　組織開発の３ステップ

真の課題を解決することが重要だからです。

GOOD改革を支える共通のコンセプト

わたしは多くの学校に足を運び、対話し、その変容を肌で感じるなかで、GOOD改革を支える共通のコンセプトがあると考えています。それは、「大人も子どもも」というコンセプトです。

各校には、改革を始めたり、進めたりするにあたって、「子どものために」だけではなく、「大人のために」だけでもなく、「大人も子どもも」という相似形の視点がありました。たとえば、授業改善でいえば「子どものために主体的・対話的で深い学びの視点で授業改善をしていくのであれば、大人である教職員も主体的・対話的で深い学びのある研修や研究にしていこう」といったイメージです。

一般社団法人UNIVA代表の野口晃菜さんは、以前お話をした際、次のように言われていました（野口晃菜さんと筆者の対談内容をもとに筆者が編集）。

「まずは先生たち自身が『つらい』や『不安』などと本音が言える環境をつくることから始めます。学校現場では教員不足のなか、さまざまな教育改革に迫られ、先生一人ひとりの自由や本音が抑圧されている状態です。そこをまずは『解放』できる場をつくることで、初めて『自分は自分らしくていいんだ』『不安な気持ちがあっても大丈夫なんだ』などと先生も安心して本音を語れるようになっていくと思います。『多様な意見があって当たり前』『まずは自分が本音で話したいと思える環境をつくることが大切』という、先生方にとってのインクルーシブな環境が、相似形で子どもたちの環境として届いていくはずです。」

つまり、先生自身が抑圧され我慢している状態では、「自分は我慢しているんだから、子どもたちも我慢することは仕方のないことだ」と、子どもたちにもそのような環境を押しつけてしまうというのです。続けて次のように話しています。
「研修の場面で考えれば、“えらい”有識者が来て一方的に唯一の『正しい解』を提示する講義型や、助言スタイルの研修ばかりだと、それ以外の学び方をする先生たちにとってはその時間がつらい時間になるでしょう。ではそのような研修をインクルーシブな研修にリデザインしてみるとどうなるでしょうか。『インクルーシブ教育はこうあるべきだ』と伝えるよりも、研修そのものを先生たちの多様性を前提とした場にしていくことが、もっと先生たちに伝わるのではないでしょうか。そして結果そのような経験が先生たちの日々の授業づくりや学級づくりに生かされるのではないかと思います。」

また、先生方が多様性に触れることで、越境し、自分の物差しが多様になっていくのだとも言います。たとえば、他校の教職員や他の職業の方など、自分の組織以外の人や環境に触れることで、自分のなかにある「こうあるべき」という物差しが少しずつ多様になっていきます。野口さんは、このような越境の機会を研修という建て付けで推奨しているとのことです。

職員室や研修の場をインクルーシブな環境にしていくことで、その環境を子どもたちにもつくってあげたいとなる。多様な子どもがいる前提で学校をつくりかえることを始めるのであれば、まずは先生が多様であることを認め合える環境をつくりたいと思えました。

まさに、これらは「相似形」の考え方です。12校の事例はすべて、「大人も子どもも」というコンセプトが一貫していたからこそ、GOOD改革になり、そしてそのサイクルがまわり続けることになったのだと考えます。

column 2

教授型の研修をリデザイン――(株)BANSO-CO

ハラスメント研修を問い直し、本質的な改善につなげる

一般企業における研修リデザインの事例をご紹介します。わたしがアドバイザーを務める(株)BANSO-COでは、代表の土井さんを中心に「ハラスメント研修」の目的を問い直し、事前ミーティングで真因を探り、真の課題を解決するための研修にリデザインすることができました。

そもそも、「ハラスメント研修」といわれたら、どのような研修を想起するでしょうか？　多くの方がイメージされるのは、ハラスメントのチェック項目をもとに自分を振り返ったのち、ハラスメントのリスクや違反時の処分に関して学ぶといったものではないでしょうか。このような研修は、未然防止にとって重要な役割があります。ただ、本質的な改善につながるかについては問い直す必要があると考えます。

メンタルヘルス不調の予防を目指し、オンラインメンタルヘルスサービスや研修を提供する(株)BANSO-COでは、職場内のメンタルヘルス環境改善・支援の一環で、企業向けの「ハラスメント研修」の依頼を受けることがあります。その研修設計に入る前に、「そもそもハラスメントはなぜ起きるのか？」という問いから始め、本質的な改善につなげるリデザインを試みました。その結果、単にハラスメントの定義や「やってはいけないこと」を伝えるのではなく、

グレーゾーンを含むハラスメント行為の代わりにどのようなコミュニケーションが取れるのか、「心理的安全性」をキーワードに職場の環境を改善するという内容で実施することになりました。

まず、動画を題材に課題をつかみます。年下のやり手上司が、一見すると職場であまり力を発揮できていなさそうな年上の部下に対して行う言動が「配慮なのか、ハラスメントなのか」を考え、対話をします。その後、その職場で足りていない「心理的安全性」「ハラスメントが起こるメカニズム」についてインプットを行います。さらに、「では、どうすれば心理的安全性を高めることができるのか？」をグループごとに対話し、その結果をICTツールを活用して共有しました。

「お菓子を置き、雑談をしやすい環境をつくる」「まずは相手の言葉をYes,and～で受け取るようにすることで、話しやすい雰囲気をつくりたい」「弱みや失敗を言いやすいように働きかける」「1 on 1で対話する場や、テーマをもとに対話する場を設けて、相互理解を深める工夫をしたい」など、心理的安全性を高めるアイデアが出されました。

そのうえで、「何からはじめますか？」と小さな一歩を問い、個々の研修参加者がこれに対する自身の回答を共有することで行動変容を促し、研修が終わりました。実際に、ハラスメント防止の肝として「職場における関係性」が重要なことはわかっています。だからこそ、教授型のインプットだけではなく、対話を通して本質的な改善に向かう研修にリデザインを図ったのです。

Part 3
「How」
――研修の創造に向けて

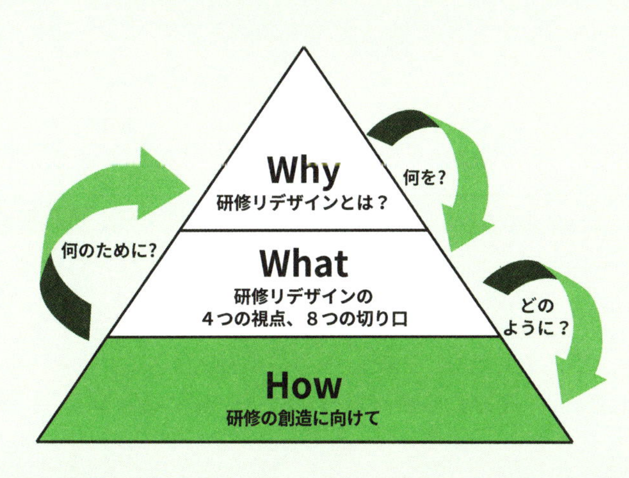

3.1 “よい研修”の誤解

研修評価から考える

研修講師としてデビューしたばかりの頃は「楽しかったです！」「また大野さんの研修を受けたいです！」などの声やアンケートで有頂天になっていたのを、今では恥ずかしく思い出します。

“よい研修”とは、何をもって“よい”とするのかについて、『研修開発入門「研修評価」の教科書——「数字」と「物語」で経営・現場を変える』（中原淳・関根雅泰・島村公俊・林博之、2022年、ダイヤモンド社）がたいへん参考になります。この本によれば、「研修評価の目的とは、研修と同様に、『経営・現場にインパクトをもたらす』こと」であるとされています。

これは、本書で述べてきた「研修は学校経営方針の実現のために行うもの」という研修の定義と一致する考えです。さらに、「研修の評価とは『研修直後の満足度』を問うのではなく、『研修で学ばれたことが現場で実践されたかどうか』を、研修の事後、しばらく時間を置いてから、問うことになります」とあります。

これは、授業でいかに楽しく主体的・対話的に学んでいても、深い学びにつながらず、「生きて働く知識や技能」にならず、「活用・発揮」されていないのであれば、“よい授業”とは言い難いのと同じことではないかと考えます。

“よい研修”とは

前述の「研修の評価」に基づくと、“よい研修”の指針は「研修で学ばれたことが現場で実践され、経営・現場にインパクトをもたらすことができたか？」であるといえるでしょう。

もちろん、必ずしもすべての研修が直後に成果を生み出すわけではありません。研修が変えうるのは「行動」までであり、研修後の行動こそが成果をつくるのです。そこで参考になるのがカークパトリックの「4レベル評価モデル」です。**図3-1**にあるように、「反応」「学習」「行動」「成果」と階層が4つあります（新モデルへの改変や詳細については、前掲『研修開発入門』を参照）。

レベル	名称	内容
4	Results **成果**	★この「成果」からバックキャスティングをして、成果につながる「行動の明確化」を行う必要がある。 問い「どうなれば成功と言える？」 ⇒管理職や推進者から「期待する成果を明示」
3	Behavior **行動**	★「学習」と「行動」の間に溝が存在する。どんな「行動」が見られれば、成果につながるかを考える必要がある。 問い「学んだことを、いつ、どんな場面で活用したい？」 ⇒自由記述のアンケート
2	Learning **学習**	★「行動」につなげる研修設計をするにあたり、関連度、有用度、自己効力感を高めるような内容にする必要がある。 問い「この研修で「学んだこと・得たこと」は何ですか？」 ⇒自由記述のアンケート
1	Reaction **反応**	★「満足度」に関しては、研修転移につながらないとの指摘があるため、以下の3つを意識して評価を行う必要がある。 関　連　度：この研修は、自分の仕事に関連していると思う 有　用　度：この研修は、自分の仕事に役立つと思う 自己効力感：この研修で学んだことを、活用できると思う ⇒数値評価でもOK

（中原淳・関根雅泰・島村公俊・林博之『研修開発入門「研修評価」の教科書』〈2022年、ダイヤモンド社〉58頁の図表8「カークパトリックの『4レベル評価モデル』」、65頁の図表10「ジェームス・カークパトリックの『新モデル』」等を参考に筆者作成）

図3-1　「4レベル評価モデル」に基づいた研修の4レベル評価

この図で最も重要なことは「成果」からバックキャスティング[*25]をして、成果につながる「現れてほしい行動の明確化」を行うことです。「どうなれば成功と言える？」という問いから、推進者や管

＊25　未来の目標や理想の状態をまず設定し、そこから逆算してその目標を達成するために必要なステップやアクションを考える手法です。

理職、関係者とともに、期待する成果をいかに具体化するかが勝負です。そのうえで、管理職や推進者から「期待する成果を参加者へ明示」することも重要です。そうすることで、「研修で学ばれたことが現場で実践され、経営・現場にインパクトをもたらす」可能性が高まるのです。

「研修転移」から「行動」につながる鍵を探る

図3-1の「落とし穴」は、「学習」と「行動」の間に大きな溝があることです。どうすれば「行動」につながるのでしょうか？

■「わかる」→「できる」→「実践する」の接続がむずかしい

研修転移という考え方があります。研修転移とは、「研修で学んだことが、仕事の現場で一般化され役立てられ、かつその効果が持続されること」（中原淳『研修開発入門』2014年、ダイヤモンド社）です。学校現場でいえば、研修での豊かな経験により相似形として日々の教育が変容することといえます。「わかる（Know）」までは研修のなかで高めることができます。しかし、そこから「できる（Can）」「実践する（Do）」に接続することがむずかしいのです。

さらに、「できる」と「実践する」のギャップをうめるには、関連度／有用度／自己効力感※をあげていくことにより、実践度（転移）を高めることが必要です。とりわけ重要である自己効力感とは、あることに対して「自分はできそう」「自分ならやれそうだ」と感じる期待感です（**図3-2**）。

※関連度：この研修は、自分の仕事に関連していると思う
有用度：この研修は、自分の仕事に役立つと思う
自己効力感：この研修で学んだことを、自分の仕事で活用できると思う

（中原淳・関根雅泰・島村公俊・林博之『研修開発入門「研修評価の教科書」』2022年、ダイヤモンド社、121～122頁を引用）

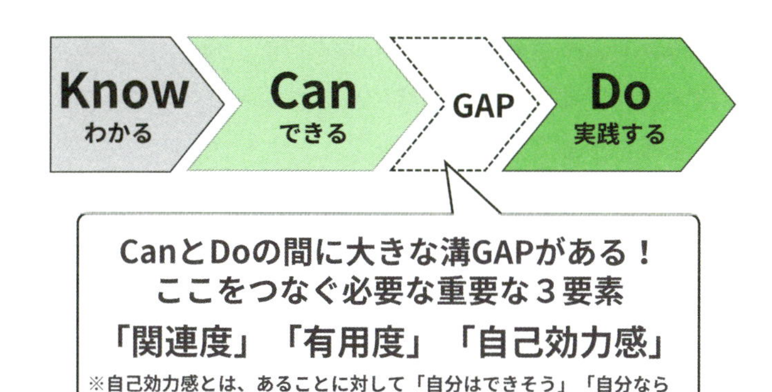

図3-2　関連度・有用度・自己効力感を高める

■研修設計のゴールは「自己効力感」を高めることにある？

また、スタンフォード大学の心理学者アルバート・バンデューラ教授が提唱した「自己効力感の４要因」があります（工藤紀子『レジリエンスが身につく自己効力感の教科書』2024年、総合法令出版）。

①**達成経験**　過去に自分自身が何かを達成・成功できた経験のこと。言い換えると「成功体験」。

②**代理的体験**　他者の行動を観察し、自分にもできそうだと思える経験。

③**言語的説得**　「自分にもできる」と思えるような言葉を他者からかけてもらうこと。

④**生理的情緒的喚起**　心身の状態を良好にすること。これは心理的安全性も関わっていて、「失敗しても、大丈夫！」という雰囲気が大きく影響する。

■自己効力感を高める５つのポイント

この４因子をもとにしながら、どうすれば自己効力感を高めることができるかについて、５つのポイントを解説します。研修推進者がこのポイントを押さえることで、「実践する（Do）」の量が格段に増えるはずです。もちろん、組織の真因に沿った内容であることは、いうまでもありません。

①理想に向かうためのスモールステップの共有

「それくらいのお試しならできそうだ！」とハードルをさげます。スモールステップが階段のように可視化され、その先に理想の状態があるように示すことも考えられます。

わたしは2024年度現在、現職小学校教員であり、習慣化コーチングのプロである二川佳祐氏からコーチングを受け、伴走してもらっています。その際に、いつも最後にわたしに投げかけてくれる魔法の問いがあります。それは「何から始めますか？」です。この問いが、始める前提の脳にしてくれるのです。答えはすでに自分のなかにあり、その背中を押してくれる役割です。

それ以来わたしはいつも研修の最後に、「何から始めますか？」と投げかけるようにしています。どんな小さなことでもいいと伝えます。たとえば、「誰かと話してみる」「情報を集めてみる」「やっている人の話を聴いてみる」「ちょこっとだけ、やってみる」など、その人なりの一歩を踏み出すことが大事なのです。そしてそれこそが、「実践する（Do）」を引き出すカギだと考えます。

②試行実施の効果的活用

「まず、やってみよう！　やってみて改善すればいいし、ダメだったら戻せばいいか！」と試行実施を前提とすることで、実践しやすくします。英語で言うとトライアルです。「お試し」という雰囲気をつくることで、心理的不安をやわらげることができます。

東京都杉並区立沓掛（くつかけ）小学校では、子どもも大人も笑顔であふれる学校にするための改善について対話する「トライやる会議」という

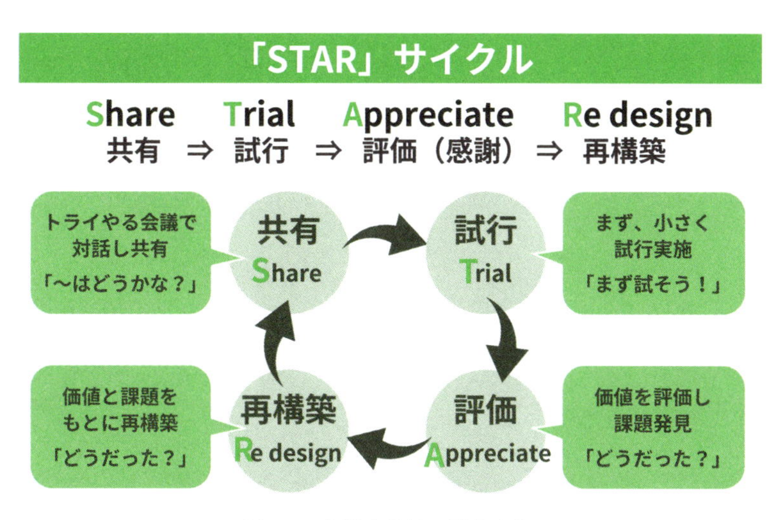

図3-3　沓掛小学校の試行実施

場を設けています。この場の合言葉は「試すことを決める」です。まさに、試行実施として「まず、やってみる」というカルチャーをつくっています（図3-3）。

③ロールモデルの存在をうむ

校内でファーストペンギンとして率先して実践する役割がいることで、実践のイメージがわきやすくなります。学校ではあらゆる場面で「せぇの！」とみんなそろって始めることが多いと感じます。しかし、それだと失敗した場合のリスクが高いのです。図3-4にあるように、一気に全員で実施することを求めるのではなく、試せる人から試し、実践した後にシェアする場を設けるようにします。そのことにより実践の課題も明確になりますし、安心感も高まるため、「わたしもやってみようかな」とチャレンジが広がりやすいのです。

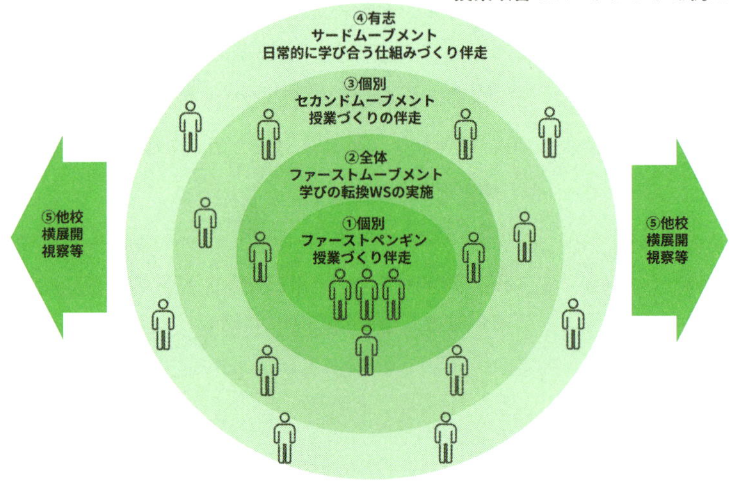

図3-4　学びの転換のムーブメント

④管理職、同僚からの肯定や支援がある環境づくり

「いつでも相談してね！」「何かあったら、守るから大丈夫だよ！」「チャレンジすることがすばらしい！」など、いわゆる心理的安全性のある環境にする役割です。「実は……」が言いやすい雰囲気をつくることで、「失敗してもいいんだ！」「何かあれば助けてくれる！」という安心感がうまれます。これは研修に限らず、あらゆる場面で大切になる要素です。まさに心理的安全性のあるチームづくりです。その際に、合言葉となるフレーズを共有することをおすすめしています。Part 2 視点❶【心理的安全性づくり】白川小学校で紹介した「自己決定　ともに一歩前へ―失敗しても「ええやん!」―」のように言語化し共有することで、心理的安全性を高めることが可能です。

⑤少し先の未来のイメージ化

新しいことにチャレンジする際には、実務面でも心理的にもそれなりの負担がかかるものです。だからといって近視眼的になってしまうと、チャレンジしにくくなります。そのため、意図的に、少し先の未来をイメージしてもらうことが重要です。

たとえば、人によってはいわゆる「ガラケー」と呼ばれる従来型の携帯電話を「スマートフォン」に換えたとき、とまどったり、困ったり、ストレスがかかったりした方も多いのではないでしょうか。でも、スマートフォンに慣れたときには、「もう便利すぎて戻れない！」という人が多いのも事実です。このように、効果や実感は遅れてやってくることを事前に共有することで、実践意欲をかきたてます（図3-5）。

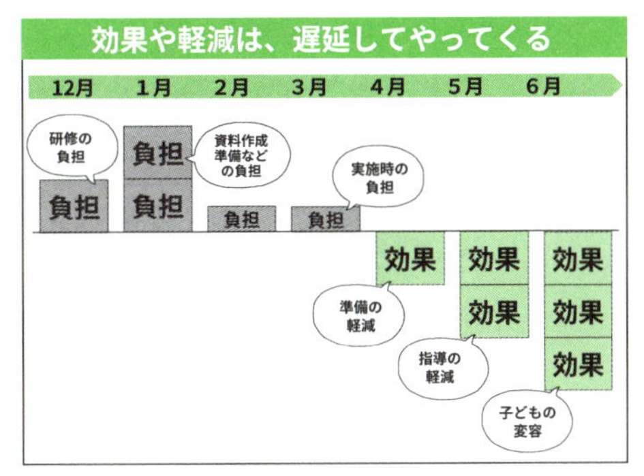

図3-5　効果や軽減は遅延してやってくる

3.2 変化を阻む、「4つの抵抗」

ここまでお読みいただいて、「自己効力感の高め方もわかったし、事例にあったような授業改善をうちの学校でも実施しよう！」という気持ちになるとともに、「でもうちで提案したら、きっと反対がでるだろうな」と思う方は少なくないのではないでしょうか。わたしが教員時代に現場で実施することを提案した際には、そのような「抵抗」が実際にありました。『「変化を嫌う人」を動かす――魅力的な提案が受け入れられない４つの理由』では、「新しいアイデアを提案すると４つの抵抗力に遭う」と論じられています（ロレン・ノードグレン、デイヴィッド・ションタル／船木謙一〈監訳〉／川﨑千歳〈訳〉、2023年、草思社）。

図3-6にあるように、何か変化を起こそうとしたり、新しいことに取り組む際には、惰性、労力、感情、心理的反発の４つの抵抗に遭うことが多いのです。

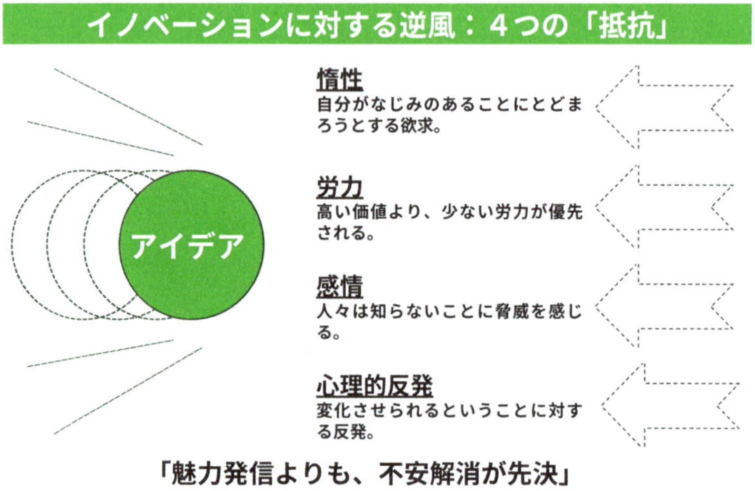

（ロレン・ノードグレン、デイヴィッド・ションタル／船木謙一〈監訳〉／川﨑千歳〈訳〉『「変化を嫌う人」を動かす——魅力的な提案が受け入れられない４つの理由』〈2023年、草思社〉21頁の「イノベーションに対する逆風」等を参考に筆者作成）

図3-6　イノベーションに対する逆風：４つの「抵抗」

「惰性」とは、「自分がなじみのあることにとどまろうとする欲求」を指します。人は変化より不変を、未知より既知を好みやすいものです。「労力」とは、「変化を実行するために必要な努力やコスト」を指します。高い価値より、少ない労力が優先されることが多いものです。「感情」とは、「提示された変化に対する否定的感情」を指します。人は知らないことに脅威を感じるものです。「心理的反発」

とは、「変化させられるということに対する反発」を指します。「感情」と近いと感じるかもしれませんが、前者はアイデアそのものに対する反応を指し、後者はアイデアを提示する人や方法に対する反応と示されています。人は変化を迫られると、抵抗したい衝動に駆られるものです。

つまり、いかに魅力的な研修設計にしようとも、いかに魅力的な改革のアイデアを提案しようとも、変化に関する不安が解消できないのであれば、「抵抗」に遭うということなのです。まとめると、「魅力発信よりも、不安解消が先決」だと学ぶことができます。

1.1で述べた「思考と関係のコリは、誰も悪くない」ということを、忘れていけません。悪いのは、人ではなくシステムなのです。ただ、システムをつくっていくのは人なのも事実。3.3では、これらの「抵抗」を対話を通してのりこえていくための推進者の6つの役割について論じていきます。

3.3 推進者の6つの役割

Part 1でも述べたとおり、本書では学校改革を推進する当事者や、組織をよりよくするために自ら行動する人のことを「推進者」と呼んでいます。推進者には6つの役割があると考えます。❶学習者、❷設計者、❸翻訳者、❹促進者、❺解放者、❻伴走者の6つです（図3-7）。これは、今までたくさんの学校で伴走支援をしてきたなかで、「学校がよりよくなる研修を実施している担当者の在り方の共通点」をまとめたものです。もちろん、これらを1人ですべて担う必要はありません。数名で補い合うのもいいでしょう。ご自身の役割を振り返る視点程度に考えて、必要な部分を取り入れたり、もしくは改善したりすることをおすすめします。

❶学習者	❷設計者	❸翻訳者
「弱みの開示」こそ 当事者を呼び起こす	環境設計の「4つの間」 （「時間」「空間」「仲間」「手間」）	「橋わたし」の存在が、 つなぎ、導く
❹促進者	❺解放者	❻伴走者
「思考・表現・交流」の促進	「べき」の解放	「自走」を願う

図3-7　推進者の６つの役割

❶学習者「弱みの開示」こそ当事者を呼び起こす

「この学校はなぜこんなにも当事者が多いんだ」と驚くことがあります。このような学校では、管理職やミドルリーダーなど推進する立場の方が「自らが学び続ける姿勢をもっている」ことが共通しています。さらに、「弱みを開示している」ことが多いです。その方々の口癖は「わからないから教えてもらえる？」「〇〇さんのおかげで助かったよ。ありがとう」など、「頼る」と「感謝」が多いと感じました。もちろん、意図的かどうかはわかりませんが、当事者が増え、駆動していることは事実です。

誤解がないように補足すると、推進者が「できることがダメ」なのではもちろんありません。重要なのは「他のだれかが輝ける部分をいかに頼り、任せられるか」です。コミュニケーションディレクターの谷本明夢氏によると「弱みを開示することで、誰かが輝くステージができる」のです。そうすることで、むしろあなたの強みが際立つかもしれません。「弱みで愛され、強みで尊敬される」といえるでしょう。

他方で最も当事者が少なくなるのは、「あなたは至らないのだから、〇〇を学ぶべき」と推進者が考えている場合です。あるいは、「たくさん物事を知っている私が教えてやるからついてこい」という考え方の場合も、これに近くなることがあります。他者が受け身や傍観者になりやすく、当事者が減る可能性が高いです。

これは、以前のわたし自身の姿でもあり、自戒を込めて書いています。たくさん努力し、学ぶことはいいことです。ただ、その結果他者を見下してしまったり、押しつけてしまったりすることがありました。「一人ひとりに必ず光るところがあり、尊敬するところがある。それを学びたい」。そういう考え方になると、自分がいかに未熟なのかがわかります。自身が未熟であることの理解こそが、熟達への道といえるのではないでしょうか。

❷設計者　環境設計の「4つの間」

設計は英語で言うところのデザインです。設計をし過ぎる、つまりあまりにもしっかりとレールを敷いてしまっては、研修担当者のコントロールの意図が透けてしまい、主体性が失われてしまうことがありますが、最低限の環境設計はよりよい研修設計につながると考えます（※研修設計については**3.4**「研修リデザインの手順」で解説します）。

では、環境設計とは何を指すのでしょうか。環境設計の「4つの間」を使ってご説明します。よく「あそびのサンマ」などといわれる「時間」「空間」「仲間」の3つがあります。ここに、わたしなりにもうひとつの「手間」をいれた4つの間です。そのような環境設計を行うことで、ただの余白から、創造的余白になると考えます。

■環境設計で「創造的余白」をうむ

Part 2 視点❸でも「創造的余白づくり」という視点を示しました。この言葉を分解すると、次のように考えられます。

創造的「creative」生み出す／創造する→価値の創造

余白「margin」ゆとり／余裕→自己決定可能な枠

創造的（価値の創造）×余白（自己決定を委ねる）、つまり「価値の創造が委ねられた時間」と定義し、その価値の創造を起こす要素として「４つの間」があるという構造で考えています。それぞれ、簡単に解説をすると、次のようになります。

・時間：価値の創造が委ねられた、自己決定可能で豊かな時間の確保
・空間：学びたくなる／学び合いたくなる環境デザイン
・仲間：「Yes（承認），and～.」の承認文化があり、「自分らしさとあなたらしさ」を尊重し合える関係構築
・手間：ヴィジョン（&コンセプト）と意思決定の裁量の共有

「余白」と聞くと、もったいないと埋めたくなる、さぼっていると思われたくなくて何かをしないとと思う、というイメージがあるかもしれません。確かに、その側面もあるかもしれませんが、まずは大人がゆったりとした時間のなかで、
・自分が学びたいことが、学びたいときに学べる
・ワクワクすることに安心してチャレンジできる
・対話から有機的な協働がうまれる
・疲れたときにはゆっくりと休める
などを可能にする創造的余白は、実に豊かです。働きやすさのみならず、働きがいにもつながる考えです。

「設計」と聞くと、いかに周到に緻密にデザインするのかと思われがちですが、そうではありません。人はうまれつき、環境さえ整えば主体的に学べるはずです。それは、大人になっても同じだと考えています。教職員一人ひとりの「価値の創造を信じ、委ねる」という観点に基づく環境設計を心がけ、「４つの間」を設計するのです。

❸翻訳者 「橋わたし」の存在が、つなぎ、導く

一言でいうと、異なる立場や視点をつなぐ「橋わたし」をする存在です。ミドルアップダウンマネジメントの考え（本書63頁参照）と同様で、管理職が方向性を示したものを、推進者であるミドルリーダーが自分の言葉で「こういうことなんだよ」と教職員に語ることで、「そういうことね」と腹落ちすることが多いのです。これを「翻訳」といっています。逆もしかりで、教職員の声を聴き、「こういうことが、今必要なのではないでしょうか」と管理職へ伝えることも翻訳なのです。さらにいえば、学校には保護者や地域、関係機関、子どもたちなど、さまざまな翻訳対象がいるはずです。この「橋わたし」があることで、真の改革に導くのだと考えます。

たとえば、働き方改革を学校で推進していくことを、学校経営方針やグランドデザインで校長が示したとします。それを受けて、ミドルリーダーが翻訳した例を紹介します。

大阪府枚方市立第四中学校では、学力向上主任の高橋さんが次のように目的を職員に語りました。「行きも帰りもワクワクする学校にしたいです。これはコドモもオトナも同じだと思います。そこで働き方改革を行うことでお互いの『じぶん時間』も大切にできるようにしたいです。そのためにも働き方改革の研修を行い、みんなで進めていきませんか?」（図3-8）。

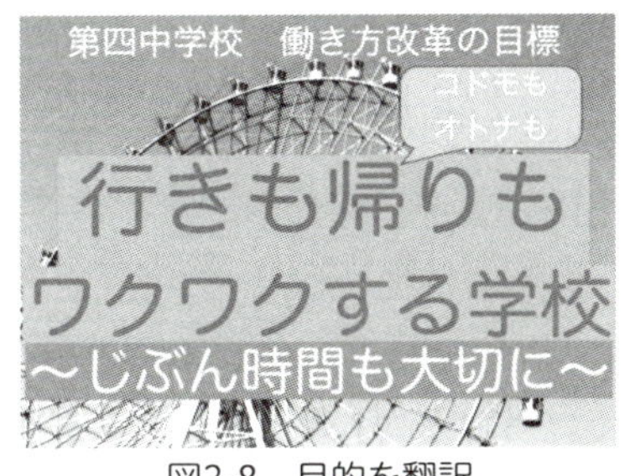

図3-8　目的を翻訳

第四中では管理職がつくった方針を受けて、ミドルリーダーである高橋さんを中心に働き方改革が進められていきました。このように目的を自分の言葉で翻訳して語ることで、教職員の感情が動くことが多いのです。

❹促進者　「思考・表現・交流」の促進

促進する者とは、いわゆる「ファシリテーター」のことで、日本の教育界でも浸透しつつあります。この「促進」については、NPO法人School Voice Project代表の武田緑氏の整理が参考になりました。武田氏は促進とは主に、次の３つを指すと述べています。

・思考促進：個人が、その人の内側で感じたり考えたりすること自体や、その感情や思考を自覚・整理することを促す
・表現促進：内面で起こっていることを外に出せるように促す
・交流促進：表現された思いや考えが交わり合い、相互作用を通して何かが生まれることを促す（コンフリクトを扱うことも含む）

（武田緑氏note〈https://note.com/mido1022/n/n11e2f5327ca8〉より引用）

ファシリテーションと聞くと、イベントや会議の際の進行という狭義な捉えになることもありますが、武田氏が考えるファシリテーションの対象は、「個人・ペア・グループ・コミュニティ・組織などをすべて含」むとのことです。つまり、研修のなかでの促進以外に、研修前の促進や、研修後の促進もあるのです。

日常的にも促進はあります。そして、武田氏はその際の具体的なアプローチとして「安全安心をつくる、刺激する、問いかける、書き出す、整理する、枠組みを提供する、選択肢を提示する、モデルを見せる、デザインする、つなげる」などをあげています。また、その根底にある考え方としては、「一人ひとりの中にあるもの（思い・考え・経験・アイデア・願いなど）には価値があるということ。人が集まっている場には力があるということ」と述べています。

促進者として、俯瞰しながら思考、表現、交流を促進していくことで、よりよい研修がうまれます。

❺解放者 「べき」の解放

解放と聞くと過激なイメージもあるかもしれませんが、ここで指す解放とは「べき」からの解放です。この「べき」は、**1.1** で書いた「思考のコリ」のことを指します。前述のとおり、思考のコリとは、当事者に無自覚のうちに形成された思考（思い込みや固定観念）によって、物事の本質的な捉えや、創造的な発想が阻害されている状態です。この状態では、チャレンジもしにくくなり、研修を実施したところで効果が薄くなることが多いです。３つの例をご紹介します。

Part２視点❷【バイアスを取り除く】笹目東小学校で紹介したようなワークショップ対話以外でも、日常場面で「べき」の解放を試みることは可能です。

１つ目は、「裁量権を伝える」ことです。学校では「実は、〇〇は教職員裁量なんだよ」といったように、裁量権を知ることでこれまでの「べき」から解放されることがあります。

２つ目は、「越境する」ことです。他者との対話や、外部講師との交流、読書でもいいかもしれません。とにかく、越境、つまりは自分の枠をこえて対話することで問い直しが起こり、「べき」から解放されることがあります。

３つ目は、「リスクをわり算」することです。「べき」のなかには、おそれや不安など、いわゆる「リスク」からくるものもあります。そこで、組織としてリスクマネジメントを整備したり、「何かあっても一緒に対応するから大丈夫だよ」という安心感を見える化したりすることで、「べき」から解放されることがあります。

❻伴走者 「自走」を願う

「伴走」という言葉はもともとマラソンなどのスポーツにおいて、走者とともに走ることからきたといわれ

ています。パラリンピックなどの陸上の競技で視覚障害のある選手と共に走る「ガイドランナー」をイメージする方も多いのではないでしょうか。

組織における伴走者として日々過ごすわたしとしては、「“横”で共に走り始め、“斜め横”で支援し、“後ろ”で自走を喜ぶ人」と解釈しています（株式会社Sofiaのノウハウを参考にしていますhttps://www.sofia-inc.com/blog/11938.html）。この伴走者がいなくてもサイクルがまわり続ける、自走を目指すという部分が非常に重要だと考えています。校内外においてこの伴走があるのとないのとでは、その効果は天と地ほどの違いになると確信しています。

伴走のタイミングとして、主に３つあると考えています。それは、それぞれ壁になりうる困難が起きる箇所で、①「提案」時の伴走、②「実行」時の伴走、③「自走」時の伴走の３つです（図3-9）。改

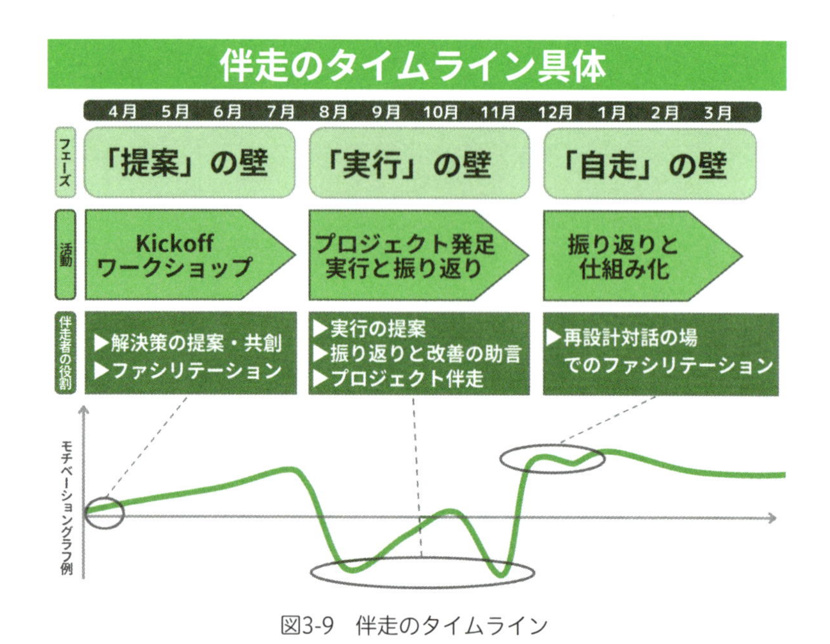

図3-9　伴走のタイムライン

革の始まりは、ときには「ひとり」であることもあります。そこから、対話を通して当事者を増やしていく過程で推進者を中心に伴走者になることで、さらに当事者が増え、組織が自走していくことが考えられます。

3.4 研修リデザインの手順

実施する研修の決定

■ What（手段）やHow（方法）ではなくWhy（目的）から考える

これまでのことを踏まえて、いよいよ研修リデザインにうつっていきます。その前に、学校での研修担当者として、実施する研修を決めるときに気をつけたいことがあります。それは、「What（手段）やHow（方法）から入らない」ということです。これは、研修だけでなく、何の担当になっても同じことがいえます。

たとえば、あなたが校内研究の担当になったとします。その際に、「今年度は何の教科で（What）研究しようかな」と内容から考えたり、「どのような研究授業や協議会の方法（How）で行おうかな」と最初に方法を具体から検討したりしない、ということです。

では何から考えるとよいのでしょうか。それは、Why（目的）です。「何のために行うのか？」「今、必要なことは何か？」「この学校が目指す姿は？」などの抽象思考です。これは、**1.1**でも書いたとおり、まさにリデザインの考え（図3-10）と一致します。

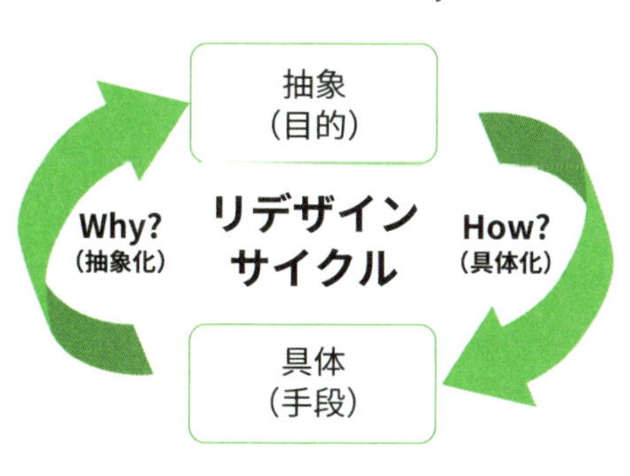

図3-10　リデザインサイクル

■妥当性のあるWhyを導き出す方法

Why（目的）から考えることは確認できました。そのうえで重要なことは、「Whyがマッチしているかどうか」です。先ほどのようにWhyから語ったところで、組織としてのマッチングが起きなければハレーションの原因になることもあります。そのため、マッチングをギャンブル的に当てにいくことはおすすめしません。提案には妥当性が必要ですし、それがなければ「なぜ、この研修をやるの？」と尋ねられた際に困ってしまいます。

では、妥当でマッチしたWhyを、どのように導き出せばよいのでしょうか。「研修リデザインワークシート」（図3-11）をもとに、「7つの問い」に沿って解説していきます。このワークシートは下記2次元バーコードからダウンロードいただくか、本書10頁でご案内したダウンロード資料にもありますので、印刷して手元に置く、あるいはPDFデータを参照しながらお読みいただくことをおすすめします。さらには、組織の推進仲間と共に対話をしながら、研修リデザインを進めることが効果を最大化します。

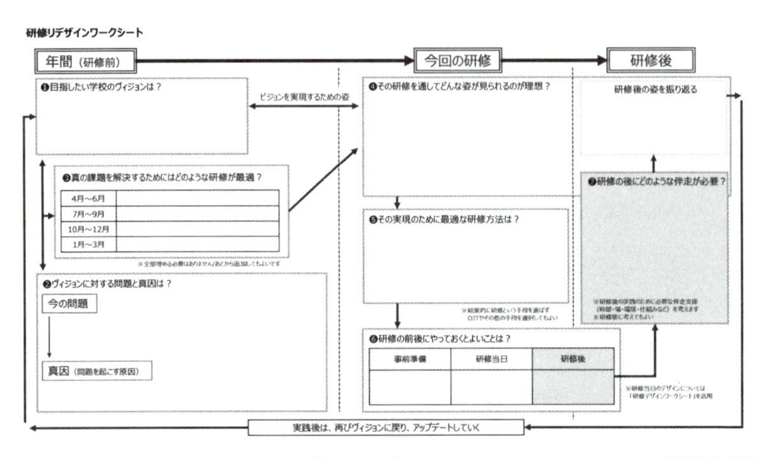

図3-11　研修リデザインワークシート

こちらからダウンロードいただけます

研修リデザインのための７つの問い

研修リデザインのための７つの問いに沿って、実際に研修リデザインをしてみましょう。

❶目指したい学校のヴィジョンは？
❷ヴィジョンに対する問題と真因は？
❸真の課題を解決するためにはどのような研修が最適？
❹その研修を通してどんな姿が見られるのが理想？
❺その実現のために最適な研修方法は？
❻研修の前後にやっておくとよいことは？
❼研修の後にどのような伴走が必要？

❶目指したい学校のヴィジョンは？

学校には、教育目標の実現のために校長が中心となって示す学校経営方針があります。これらを実現するために、校務分掌があり、すべての教育活動や教職員の活動が設定されています。校内研究や研修も同様ですから、「目指したい学校のヴィジョンは？」という問いから研修創造が始まります。

たとえば、教育目標で「自律」が掲げられているとします。そのうえで、学校経営方針において「子どもが主語の学びの実現を通して、自律した学び手を育成する」とあるとします。その場合、「授業改善」の研修や、「子どもが主語の学び」をテーマにした校内研究が始まることが考えられます。これは、研修担当者の思いだけではなく、学校としてのヴィジョンでもあるため、妥当性が高まるはずです。

やってみよう！ワーク❶

「研修リデザインワークシート」の「❶目指したい学校のヴィジョンは？」に自由に書いてみましょう！　これは、学校として示されているものでもいいですし、今あなたが目指したいヴィジョンでもかまいません。

❷ヴィジョンに対する問題と真因は？

1.5で書いたように、研修の創造において真の課題を捉えることは欠かせません。「何を解決するべきなのか？」という真の課題発見こそが重要であり、それを捉えきれずにどれだけ豊かな手立てを講じようとも組織は本当の意味では変わりません。

だからこそ、**図3-12**で示すように、見えやすい問題から理由に寄り添い、真因を探る。そのうえで真の課題を捉えることで、研修の定義である「学校経営方針の実現を目指す観点で、思考と関係のコリをほぐし、教職員一人ひとりの自己革新を促進する学びの場」としての研修にたどり着くのです。

やってみよう！ワーク❷

「研修リデザインワークシート」の「❷ヴィジョンに対する問題と真因は？」に、描いたヴィジョンを目指すにあたって「目に見える最もネックとなる問題事象」を1つ書いてみましょう。問題事象は何度か変わることがあってもよいので、暫定的に設定します。

次に、その問題を引き起こす原因をいくつでも思いつくままに書き出します。さらに、その原因の原因は……と書いていきます。そうすると、問題というのはいくつもの原因が影響して起きていることがわかると思います。原因を深掘りしていき、最も影響を及ぼしている「真因」といえるものを発見します。真因は射抜くことがたいへんむずかしいのも事実です。**1.5**で述べた「真因を探る６つの目」を参考に、仲間と対話しながら立体的に組織を捉え、真因を発見してみることをおすすめします。

「真因」を発見したら「問い」をつくります。たとえば、問題が「教職員の帰る時間が遅い」だとして、真因が「相談できない関係性」だとします。それについて「どうしたら『実は』と弱みを見せ合える関係になるのか？」という問いにしていくというイメージです。そして、その問いの解決策こそが「真の課題」なのです。

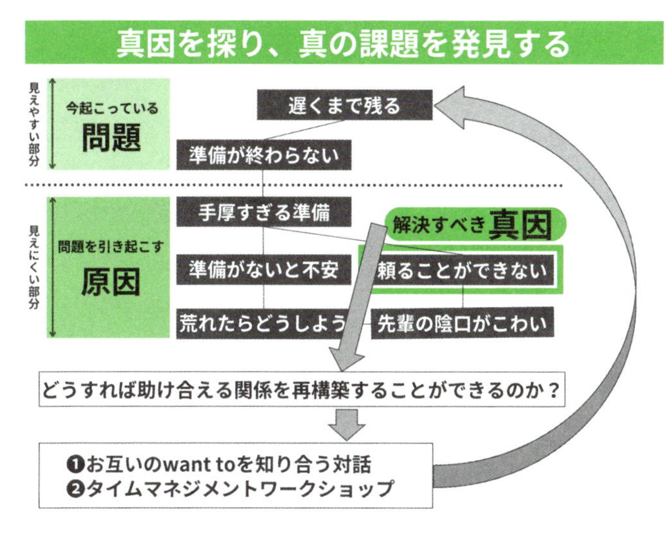

図3-12　真因を探り、真の課題を発見する

❸真の課題を解決するためにはどのような研修が最適？

真因がつかめた後に、すぐに「さて、どんな研修にしようか」と安易に進まないことは重要です。

ある学校で校長が「ICTの利活用を進めたい」と考え、「そのためにICT先進校の講師を招き、研修を実施しよう」と提案しました。研修担当者を中心に準備を進め、研修が行われました。しかし、変容が何も起きなかったのです。それはなぜでしょうか。

この学校では、多忙ゆえに、教材研究やICT利活用の授業を実践するための心理的な余白がなかったのです。これらを踏まえたうえでこの学校にマッチした手段を考えるとしたら、「（会議の終わり5分ほどで行う）ICTミニ体験」のような、OJTに近い内容を小さく毎週行っていく方法が、負担もなく、かつICTのよさを味わえる手段として適切かもしれません。このように、「なんでもかんでも『研修』という形で解決しない」ことも頭に入れておくことも重要なのです。

やってみよう！ワーク❸

「研修リデザインワークシート」の「❸真の課題を解決するためにはどのような研修が最適？」に、考えられる研修を自由に書いてみましょう！　そして、真の課題を解決する手段として今回の研修を選択、創造していきます。Part2の4つの視点、8つの切り口を参考にしながら、「真の課題を解決するためにはどのような研修が最適なのか?」を仲間と対話してみてください。もちろん、この８つの切り口以外にも多様な研修が考えられます。あくまでも参考に、ご自身の組織に適した研修を創造してみましょう。

❹その研修を通してどんな姿が見られるのが理想？

研修を実施した後の理想の姿を描いてみましょう。そうすると、必要なことが見えてきますし、なによりワクワクします。この研修後の姿は、仲間と管理職を含めた関係者で合意しておきたいです。

その際、より具体的な映像レベルで合意しておくことで、ミスマッチを防げる可能性が高くなります。映像レベルとは、「抽象的な姿の合意にならないようにする」ことです。たとえば、タイムマネジメントの研修を実施するとします。その理想の姿を描く際に「先生方が時間を意識して動いてくれるといいなぁ」程度では、抽象度が高いです。「時間を意識して動く」の部分を、具体化してみましょう。「６割の教員が、今日行う仕事を洗い出してから、勤務が始まるようにしている」。これは、学習評価でいえば「評価規準」につながる考えです。

もちろん、考えや行動を押しつけたり、強制したりするために具体化するのではありません。最後に行動を決めるのは、一人ひとりなのです。そうではなく、最適な研修方法を導き出すために具体的な変容の姿を描くのです。

やってみよう！ワーク❹

「研修リデザインワークシート」の「❹その研修を通してどんな姿が見られるのが理想？」に、考えられる姿を推進者や管理職を含めた関係者と対話しながら具体的に書いてみましょう！　これは、3.1「"よい研修"の誤解」の図3-1が参考になります。「成果」からバックキャスティングをして、成果につながる「現れてほしい行動の明確化」を行うことです。つまり、「どうなれば成功と言える？」について推進者や管理職、関係者とともに、いかに具体化するかが勝負です。

❺その実現のために最適な研修方法は？

WhyとWhatが決まったことで、いよいよHowを決める段階です。Howというのは、❹で描いた理想の姿を引き出すためにどのような研修方法にするのかという視点で決めていきます。ただ、研修方法は3.3の「❷設計者」でも書いたとおり「設計しすぎると主体性が失われてしまう」リスクがあります。これは子どもへの授業と相似形です。

設計をしすぎるとコントロールしようという意図が見えてしまい、主体性が失われてしまいます。かといって、設計が不十分過ぎてなんでもありでは放任になってしまいます。非常にむずかしいのですが、最適な方法を設計していく必要があります。

やってみよう！ワーク❺

「研修リデザインワークシート」の「❺その実現のために最適な研修方法は？」に簡単に箇条書きで記入してみましょう！　なお、具体的な研修設計方法については、見取り図（図3-13）を参考にしながら、研修プログラムデザインワークシート（図3-14）を活用して、仲間との対話を通してよりよくデザインをしてみましょう。

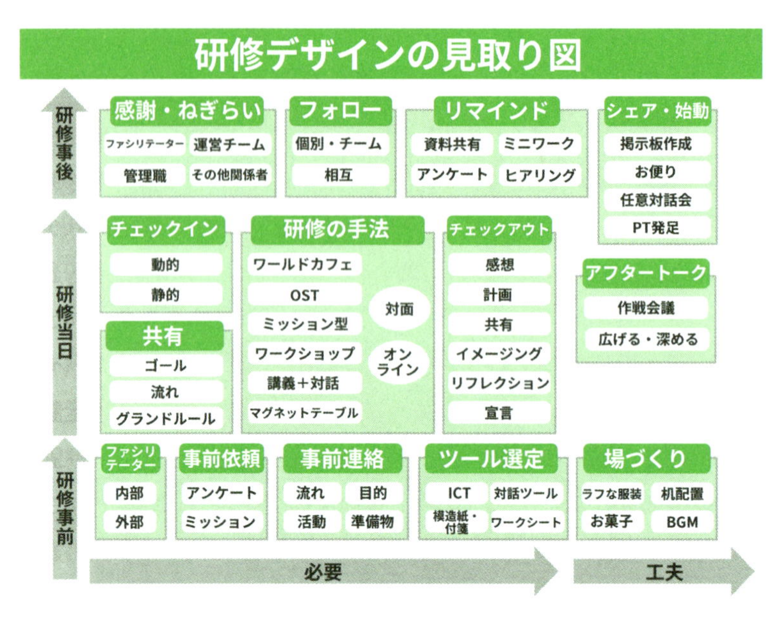

図3-13　研修の見取り図

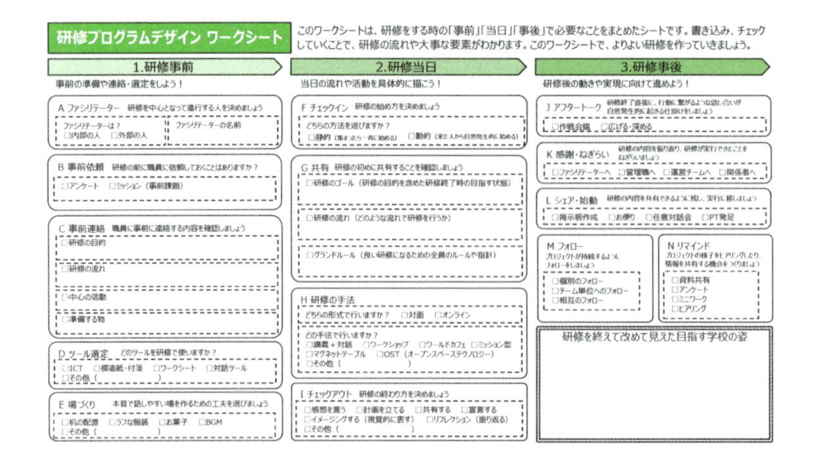

研修プログラムデザイン ワークシート

このワークシートは、研修をする時の「事前」「当日」「事後」で必要なことをまとめたシートです。書き込み、チェックしていくことで、研修の流れや大事な要素がわかります。このワークシートで、よりよい研修を作っていきましょう。

1.研修事前

事前の準備や連絡・選定をしよう！

A ファシリテーター　研修を中心となって進行する人を決めましょう
ファシリテーターは？
□内部の人　□外部の人
ファシリテーターの名前

B 事前依頼　研修の前に職員に依頼しておくことはありますか？
□アンケート　□ミッション（事前課題）

C 事前連絡　職員に事前に連絡する内容を確認しましょう
□研修の目的
□研修の流れ
□中心の活動
□準備する物

D ツール選定　どのツールを研修で使いますか？
□ICT　□模造紙・付箋　□ワークシート　□対話ツール
□その他（　　　　　）

E 場づくり　本音で話しやすい場を作るための工夫を選びましょう
□机の配置　□ラフな服装　□お菓子　□BGM
□その他（　　　　　）

2.研修当日

当日の流れや活動を具体的に描こう！

F チェックイン　研修の始め方を決めましょう
どちらの方法を選びますか？
□静的（集まったら一斉に始める）　□動的（来た人から自然発生的に始める）

G 共有　研修の初めに共有することを確認しましょう
□研修のゴール（研修の目的を含めた研修終了時の目指す状態）
□研修の流れ（どのような流れで研修を行うか）
□グランドルール（良い研修になるための全員のルールや指針）

H 研修の手法
どちらの形式で行いますか？　□対面　□オンライン
どの手法で行いますか？
□講義＋対話　□ワークショップ　□ワールドカフェ　□ミッション型
□マグネットテーブル　□OST（オープンスペーステクノロジー）
□その他（　　　　　）

I チェックアウト　研修の終わり方を決めましょう
□感想を言う　□計画を立てる　□共有する　□宣言する
□イメージングする（視覚的に表す）　□リフレクション（振り返る）
□その他（　　　　　）

3.研修事後

研修後の動きや実現に向けて進めよう！

J アフタートーク　研修終了直後に、行動に繋がるような話し合いが自然発生的に起きる仕掛けをしましょう
□作戦会議　□広げる・深める

K 感謝・ねぎらい　研修の内容を振り返り、研修が実行できたことをねぎらいましょう
□ファシリテーターへ　□管理職へ　□運営チームへ　□関係者へ

L シェア・始動　研修の内容を共有できるように残し、実行に移しましょう
□掲示板作成　□お便り　□任意対話会　□PT発足

M フォロー
プロジェクトが持続するようにフォローをしましょう
□個別のフォロー
□チーム単位へのフォロー
□相互のフォロー

N リマインド
プロジェクトの様子をヒアリングしたり、情報を共有する機会をつくりましょう
□資料共有
□アンケート
□ミニワーク
□ヒアリング

研修を終えて改めて見えた目指す学校の姿

図3-14　研修プログラムデザインワークシート

❻研修の前後にやっておくとよいことは？

研修効果における「4：2：4の法則」があります。アメリカのウエストミシガン大学教授のロバート・ブリンカーホフ氏は、「研修効果（行動変容の実現）に与える影響のうち“研修内容そのものの良し悪し”は20％に過ぎず、研修前後の取り組みが80％も影響する」と発表しました（2007年に当時のASTD〈American Society for Training & Development：米国人材開発機構〉で発表）。つまり、当日の研修内容以上に研修前後での取り組み方、関わり方が研修効果に大きく影響するということです。

だからといって、研修の内容や方法をおろそかにしていいというわけではありません。むしろ、研修当日の効果をより最大化させたいからこそ、研修前後を大切にしたいのです。

研修前には、「この研修との出会い方を工夫すること」が重要だと考えています。別の見方をすると、学び手への動機づけです。「この研修を今やる意味がわからない。忙しいときに困るなぁ」という意識で参加したら、研修効果も半減してしまいます。そこで、出会い方のポイントとして３つ示します。

①目的（Why）の明示

１つ目は、目的（Why）の明示です。何のためにこの研修を行いたいのかを明示することが重要です。ここで、複数のスピーカーが目的を語ることもおすすめします。研修担当者がまずは目的を語ります。その後に、管理職からも「わたしも同じ思いです」と伝えてもらうとともに、理由などを語ってもらうことで、より強固なWhyになります。**1.7**で述べたように、実際に管理職の協力が可視化されていることで、研修の効果が大きくなることもわかっています。

②多数を巻き込む対話

２つ目は、企画に多数の方を巻き込む対話です。「巻きコミュニケーション」などといわれることもあるそうですが、いかに共創のストーリーにするかが重要です。ここで、3.3で示した「❶学習者」が役に立ちます。「〜をお願いしたいのですがいかがでしょうか？」「〜をしようと思うけど、意見をもらえますか？」「どうすればいいか困っていて、助けてくださる方募集中です！」「〇〇さんの実践を紹介してもいい？　みんなにとって勇気になると確信しているので！」など、とにかく巻き込み、さまざまな人が輝くステージを用意することを通して、当事者になるようにすることが求められます。

③事前に思い・願いを知る

３つ目は、事前に一人ひとりの思いや願いを知ることです。たとえば、学級経営に関する研修を実施するとします。それに向けて、アンケートやメッセージボード、ヒアリングなどで「学級経営に関して知りたいことや困っていることはありますか？」のように、思いや願いを知る工夫をします。そうすることで、研修の設計にも役立ちますし、学び手にとってもレディネスを高めることにつながります。

以上の３つを中心に研修との出会いを大切にすることで、ワクワク感や期待感、当事者意識が高まります。

やってみよう！ワーク❻

「研修リデザインワークシート」の「❻研修の前後にやっておくとよいことは？」に簡単な箇条書きで記入してみましょう！　ここでは1.7で示した管理職の影響力を参考にしながら、管理職との対話を通して、各校の実態に応じてアクションをプランニングしてみましょう。

❼研修の後にどのような伴走が必要？

①リマインド機能「あの後どうですか？」

研修の内容にもよりますが、この「リマインド」が重要です。研修のときには思いが高まり、やる気になっているとしても、時間が経つにつれて薄れていくのが人間です。そのため、適切なタイミングで「その後どうですか？」と、当日の資料を共有したりしながらリマインドをすることをおすすめしています。方法としては、会議などで短時間で行ったり、個別に声をかけたりすることなどが想定できます。

②フォロー機能「何かできることはありますか？」

実際にアクションを起こしていくというのは、それなりに労力が必要なものです。そのため、フォローをしていく場面が必要です。

③シェア機能「アクションの共有」

研修後にアクションがうまれてきた際に、それを価値づけ、共有していくことが重要です。実践してくれたことへの価値づけは、その方への労いにもなります。たとえば、ICTを使って教職員に共有したり、会議等で報告タイム的に短い時間で共有したりすることも考えられます。ほかにも、この指とまれの対話会を開催し、お菓子を食べながらゆったりとした空間で共有することもできます。

たとえば、京丹後市立大宮学園（京丹後市では、中学校区を総称して「学園」と言っています）では、研修後に実践のムーブメントを継続・発展させるために、Googleチャットを活用しています（写真）。大宮学園は大宮第一小学校、大宮南小学校、大宮中学校で構成されており、「共通の研究テーマ」で授業改善を行っています。合同研修会で「自己調整力を高める授業改善」について学び、その後に日々の実践をGoogleチャットを活用して共有し合う工夫をしています。場所が離れていても日常的に学び合う環境を意図的につくっているのです。

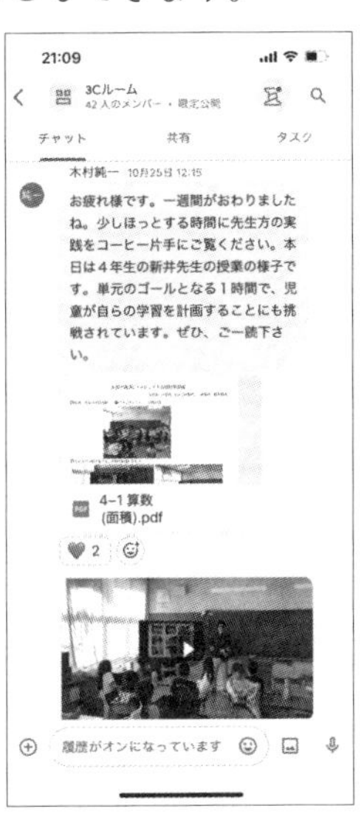

■Googleチャットで共有

やってみよう！ワーク❼

「研修リデザインワークシート」の「❼研修の後にどのような伴走が必要？」に簡単な箇条書きで記入してみましょう！　そして3.4をもとに、当事者を増やす観点からどのような伴走をするか、体制を対話してみてください。理想としては、この伴走の先に、あなたがいなくなってもサイクルがまわり続けるような仕組みをつくっていくイメージです。

■大切なことは、サイクルをまわすこと

以上、研修リデザインのための7つの問いについて、ワークシートをもとに進めてきました。このワークシートの右上には、「研修後の姿を振り返る」という欄があります。ここで、仲間と共に振り返りの対話をし、その後、「再びヴィジョンに戻り、アップデートしていく」ことが重要なのです。そのうえで、Whyの部分が変わるかもしれませんし、次のWhyが生まれてくるかもしれません。この「リデザインのサイクルがまわり続ける組織にすること」こそが、本書で最もお伝えしたいことなのです。

その実現に向けて、組織における「研修リデザインのプロセス」の共通理解に役立つシートを作成しました。下記２次元バーコードからダウンロードいただけますので、ぜひあなたの職場でご活用ください。

こちらからダウンロードいただけます ➡

3.5 研修をデザインする

■「あなた」に必要なHowの答えは、「あなたの現場」にしかない

Why「なぜ行うのか？」が明確になり、What「何を行うのか？」

が決まったらいよいよ、How「どのように行うのか？」にたどり着きます。ワークショップや研修のデザインに関しては、いろいろな書籍で扱われていますし、インターネットで検索すると、すぐに生かせるアイデアがあふれています。

研修デザインについて、紹介や解説を試みようとして、ここで筆が止まりました。その理由は、「あなた」に必要なHowの答えは、「あなたの現場」にしかないからです。

Part 2で紹介した事例校における研修のデザインも、一つとして同じものはありませんでした。さらにいえば、これまで数々の研修やワークショップ、対話の場のデザインをした者として「これを行えば大丈夫というデザインの答えはない」と確信しています。

「じゃあ、0から考えろということか」という突っ込みが予想されますが、そうではありません。研修デザインは「いいとこ取り」でいいのです。あなたの職場のWhyが明確になり、Whatが決まれば、「Howに関しては、さまざまな事例からいいとこ取りをしてデザインをすればいい」ということです。むしろ、それしか方法がないのです。

環境のリデザイン

■研修の目的をよりどころに環境をリデザイン

「環境のリデザイン」を例に、Howの答えは「あなたの現場」にしかないということを解説していきます。研修の環境にも実に多様な選択肢があります。また、同じ研修日のなかでも場面に応じて環境をリデザインすることが考えられます。そのよりどころは、本書で一貫して論じてきた「目的の問い直しと、手段の再構築」です。

一つひとつの細かなリデザインであっても、「それって何のため？」と目的を問い直すことが一歩目です。その過程を飛ばしたり、おざなりにしたりすることで、いかに工夫されたリデザインであっ

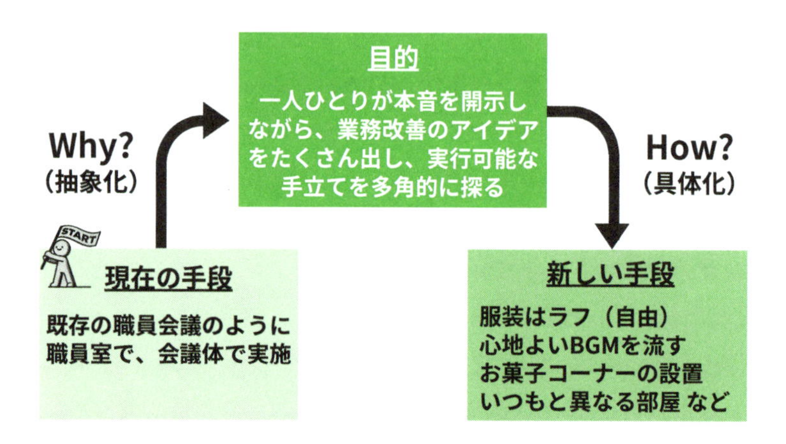

図3-15　リデザインの図をもとに環境をリデザイン

ても効果が出にくくなります。

では環境のリデザインについて、リデザインの図3-15をもとに考えてみましょう。今回の目的が「一人ひとりが本音を開示しながら、業務改善のアイデアをたくさん出し、実行可能な手立てを多角的に探る」だとします。この場合、環境をリデザインするうえで判断のよりどころとなる視点は「本音の開示」です。本音を開示できる環境とは、どのようなものなのかを問い直し、HOWを考えていく段階で環境を選択することができます。

「本音を開示する」という目的をもとに手段を再構築すると、図3-15の「新しい手段」のようなことが考えられます。これには正解はなく、「その学校の目的や実態に応じた最適解」を探るものです。「どんな環境にしようか？」「本音が出るような環境にしたいよね」のように対話を通して環境のリデザインを進めていくことをおすすめします。

■環境リデザインの好事例

島根県隠岐郡海士町立海士（あま）小学校では、廣間さんを中心とした働き方改革「ワークライフバランス推進チーム」の環境設計が光りました。この日は、まさに**図3-15**のような目的で働き方改革のキックオフワークショップを実施することになりました。

■座席はくじ引きでランダム、途中で移動しやすいレイアウトに

まず入り口で「くじ」を引いて、座席がランダムになるようにしています。今回の研修はアイデアを多角的に出すことが目的なので、「非日常性」をコンセプトにしたのが秀逸です。また、お菓子や飲み物コーナーを設置することで、ラフな雰囲気をつくり出し、本音を出しやすい環境づくりに努めました。

■お菓子や飲み物コーナーを設置

さらに、途中でプロジェクトチームごとに分かれる場面があるため、動きやすいレイアウトにするという工夫もされています。最後は全員で話し合いの内容を共有できるように、一番後ろの座席をあけておき、全員が集まりやすくしています。

■最後に全員で共有するためのスペースを用意

まさに、目的を問い直し、手段を再構築した環境リデザインの好事例といえます。

ちなみに、座席のレイアウトは**図3-16**のような例があります。これは、その研修のなかで場面に応じて変化していくものです。また、構成的（意図的に研修の担当が決定するパターン）な場合もあれば、非構成的（自由に参加者に決めてもらったり、動いてもらったりす

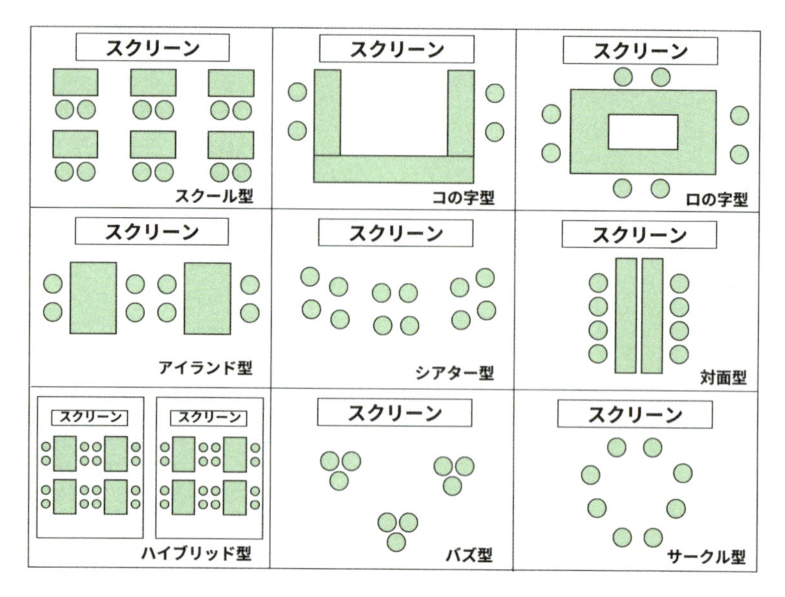

図3-16　座席のレイアウト

るパターン）な場合もあります。ぜひ、「目的は何か？」に応じて研修の環境をリデザインしてみてください。

研修リデザイン３つの紹介

「Howに関しては、さまざまな事例からいいとこ取りをしてデザインをすればいい」とお伝えしました。そのための方法として、わたしからの情報発信を３つご紹介します。❶メルマガ配信「学校伴走STORY」、❷グループ「研修リデザイン」への招待、❸筆者が参考にしている主な書籍、の３つです。

❶メルマガ配信「学校伴走STORY」

「はじめに」にも書いたとおり、わたしは日々学校や教育委員会などに伴走をしています。その伴走のなかで、本書で紹介したWhy⇒What⇒Howの研修創造を行っているのです。そのなかから

「筆者が創造した研修デザインの具体（How）」をピックアップし、メルマガで定期的にお届けします。たとえば、

■オープニング、メインアクティビティ、クロージングそれぞれの活動デザイン
■空間デザイン
■座席決めのデザイン
■研修スライド／資料デザイン
■ファシリテーションデザイン、インタラクショナルデザイン

など、多様な情報を配信していきます。メルマガへの登録方法は、210頁の「読者特典申し込み方法」をご覧ください。

❷研修リデザイングループへの招待

双方向でのやりとりができる場として、任意のクローズドグループ（フェイスブックグループ）へご招待します。メルマガは一方的な配信ですが、グループでは研修等についての困りごとや相談について、双方向で解決していきましょう。

学校伴走についての踏み込んだ情報共有や、具体的な研修デザインについての双方向の意見交換ができるグループです。ここでは、「資料共有を中心としたノウハウシェア」はもちろんのこと、「学校伴走視察（筆者の学校伴走の様子を視察する企画）のご案内」なども行っていきます。グループへの参加方法についても、210頁の「読者特典申し込み方法」をご覧ください。

❸筆者が参考にしている主な書籍

これまでの知見というものはすばらしく、わたしもさまざまな情報収集をもとに、日々実践ができています。とりわけ、「本」から学ぶことは多く、研修デザインに関するわたしの愛読書を、ニーズにあわせてご紹介します。これらをセットで読むことで、「Howに

関しては、さまざまな事例からいいとこ取りをしてデザインする」ことがより可能になるものと思います。

「研修開発の本質を学びたい！」

●中原淳『研修開発入門――会社で「教える」、競争優位を「つくる」』2014年、ダイヤモンド社

「研修設計の王道を学びたい！」

●鈴木克明『研修設計マニュアル――人材育成のためのインストラクショナルデザイン』2015年、北大路書房

「ワークショップデザインについて学びたい！」

●堀公俊、加藤彰『ワークショップ・デザイン〔新版〕知をつむぐ対話の場づくり』2023年、日本経済新聞出版

「主体的な研修のデザインについて具体的に知りたい！」

●中村文子、ボブ・パイク『研修デザインハンドブック』2018年、日本能率協会マネジメントセンター

「研修ファシリテーションについて学びたい！」

●中村文子、ボブ・パイク『研修ファシリテーションハンドブック』2020年、日本能率協会マネジメントセンター

「講師としてのスキルを高めたい！」

●中村文子、ボブ・パイク『講師・インストラクターハンドブック――効果的な学びをつくる参加者主体の研修デザイン』2017年、日本能率協会マネジメントセンター

「オンライン研修について学びたい！」

●中村文子、ボブ・パイク『オンライン研修ハンドブック』2021年、日本能率協会マネジメントセンター

「研修のアクティビティやテクニックを学びたい！」

●中村文子、ボブ・パイク『研修アクティビティハンドブック』2019年、日本能率協会マネジメントセンター

「問いについて学びたい！」

●安斎勇樹、塩瀬隆之『問いのデザイン——創造的対話のファシリテーション』2020年、学芸出版社

「学校における具体的な研修について学びたい！」

●岩本歩『個別最適な学びと協働的な学びのスタートアップ——学び合えるワークショップ型研修のつくり方』2024年、明治図書出版

「学校が目指す具体的な変容プロセスを学びたい」

●前田康裕『まんがで知る教師の学び　これからの学校教育を担うために』2016年、さくら社

※この全シリーズを購入していますが、どの本もおすすめです。

「学校における組織開発のプロセスを学びたい！」

●村上聡恵、岩瀬直樹『「校内研究・研修」で職員室が変わった！——２年間で学び続ける組織に変わった小金井三小の軌跡』2020年、学事出版

おわりに ～目指す未来と歩み～

目指す未来

わたしにはどうしても実現させたい、目指す未来があります。それは、「今日が楽しく、明日が待たれる学校」であふれる社会です。この言葉は、わたしの小学生時代の恩師である檀原延和さんが校長として掲げているものです。

わたしは子どもの頃、学校というシステムになじめず、何度自分を責めたかわかりません。また、たくさんの方に迷惑をかけました。そんなわたしは、この恩師に人生を救われ、幸せな人生を過ごすことができています。

「今日が楽しく、明日が待たれる学校」になることを望む子どもや大人がたくさんいます。全国に公立の小・中学校だけで約３万校ありますが、2024年12月20日に文科省が発表した「令和５年度公立学校教職員の人事行政状況調査結果」によると、2023年度に精神疾患で病気休職した全国の公立校教員は7,119人で、３年連続で過去最多を更新しています。精神疾患による１ヵ月以上の病気休暇の取得者を加えると１万3,045人に達します。まずは教職員が幸せにならなければ、その未来は実現しません。

「はじめに」でも書いたとおり、年間200校近くの学校に伴走するなかで、学校を救うカギこそが「研修のリデザイン」だと確信しています。研修とは、どの学校にもなじみのある「もともとある学びの場」です。実際に事例校や、その他多くの学校現場で研修のリデザインが功を奏し、「今日が楽しく、明日が待たれる学校」に近づいています。

お願い

最後に、この本を手に取ってくださった「あなた」、あるいは、この本を今、書店で手に取っている「あなた」にお願いしたいことがあります。
この本を「一歩を踏み出すためのプレゼント」に使いませんか？「なんとかしたい」、そう思う方の手に本書が渡り、その方が一歩を踏み出すための「勇気」にしてもらいたいのです。「はじめに」でも書いたように、この本の執筆にあたっては読者の皆さんに「本書（わたし）が伴走」できるように努めたつもりです。学校改革には、唯一万能で、どこにでも通用するHowは存在せず、結局は、推進者と関係するみなさんとがご自身の組織の実態に応じて、対話し、知恵を出し合い、最適化していくほかはありません。もし、この本が対話のきっかけになり、ヒントになり、学校改革の一助になるのであればこのうえなく幸せです。

わたしが学校現場で「孤独な改革者」としてくすぶっていたときに、ひとつのすてきな言葉に出会いました。
「1人の10歩より、10人の1歩」
これは当時、ある勉強会後のお酒の場で、庄子寛之さんが教えてくださった言葉です。「ひとりでがんばらなくていいんだ！」と肩の荷がおりた瞬間でした。研修リデザインのプロセスもそうです。仲間を増やし、頼り、得意を生かし、弱みを補い合い歩めばいいのです。

しきれない感謝を

本書の執筆にあたり、たくさんの方々の支えと伴走がありました。そのおかげで、『研修リデザイン』という一冊を世に送り出すことができました。この場をお借りして、心より感謝を申しあげます。
まず、本書の出版を実現するために尽力してくださった教育開発研究所の岡本淳之さん、桜田雅美さん、お2人の温かく丁寧なサポートがなければ、この本は完成しませんでした。編集者としてだけでなく、対話を通して「共創」していただけたことに深く感謝いたします。デザイナーの竹内雄二さんは、本書の価値をシンプルに表紙で表してくださいました。
「見える化」の達人である田上誠吾さんは、わたしがイメージする、あるいは見えていないものを引き出し、グラフィック化してくださいました。

また、思いを共に形にしてくださった事例校関係者のみなさん、教育委員会のみなさんのエピソードや日々の歩みが、本書に魂を吹き込んでくれました。

思えば、「だいちゃん（筆者）の伴走ノウハウを世に広めたい」と最初に価値を見出して鎌倉市教育アドバイザーの役をくださり、本書執筆のきっかけとなる背中を押してくださったのは、鎌倉市教育長である高橋洋平さんです。京丹後の地で再会し、日本の教育の未来を語ったことは人生の転機でした。

さらに、執筆の過程で伴走してくださった高橋夏帆さん、谷本明夢さん、坪谷健太郎さん、お三方の的確なアドバイスと励ましが、わたしにとってどれほど大きな力となったか計り知れません。

各領域においてわたしを助けてくださる専門家のみなさんにも感謝しています。市区町村教育長の視点で佐藤秀美さん、県教育長の視点で大沼博文さん、教育委員会の視点で芳賀沼彰さん、ライターの視点で建石尚子さん、授業改善の視点で蓑手章吾さん、保護者の視点で飯国量子さん、地域の視点で塚本忠行さん、田島優介さん、ファシリテーションの視点で上部充敬さん、武田緑さん、働き方改革の視点で妹尾昌俊さん、メンタルヘルスの視点で土井理美さん、組織開発の視点で五木田洋平さん、八木邦明さん、学校伴走の視点で叶松忍さん、学校改革の視点で小高美惠子さん、山本崇雄さん、インクルーシブの視点で野口晃菜さん、アカデミックの視点で荒井英治郎さん、コンサルティングの視点で福成有美さん、ラーニングコミュニティの視点で古内しんごさん、非認知能力の視点で徳留宏紀さん、学生の視点で櫃割仁平さん、小学校改革の視点で浅見優子さん、榊貢さん、中学校改革の視点で吉田理沙さん、高校改革の視点で酒井淳平さん、特別支援教育の視点で海老沢穣さん、オルタナティブスクールの視点で青山雄太さん、推進者の視点で門野幸一さん、心理的安全性の視点で浜屋陽子さん……その他あげきれないさまざまな方に支えられ、助けられて、一冊を世に送り出すことができました（くわしくは教育開発研究所のWebサイトに掲載しています）。

わたしの第二の居場所である、(株)先生の幸せ研究所の澤田真由美さん、若林健治さんをはじめ、「わせけんメンバー」には、改革者でも成功者でもないわたしのよさを最大化してくださり、日ごろから感謝しています。お２人のノウハウもこの本にはたくさんつまっています。

そして、第一の居場所である、わたしをいつも支えてくれる家族へ。「エンパワイフ」である妻の佳美、娘の結と叶。そして家族のみんな。この執筆期間、時には家族の時間を削ってしまうこともありました。それでも、いつも温かく見守り、応援してくれたみんなの存在があったからこそ、最後まで筆を進めることができました。本当にありがとう。

初心にかえれば、わたしを一人前に育ててくださった方々のお顔が数々浮かびます。実習でお世話になった岩澤肇さん、小川喜美枝さん。わたしを教師にしてくださった菅原健次さんに関しては、執筆中に何度かお手紙を読み返しては励まされたのを思い出します。これまでの勤務校や研究会のみなさん。授業を教えてくださった東京都小学校体育研究会のみなさん。勉強会「つながり」のみなさんのおかげです。

最後に、この本を手に取ってくださった読者のみなさまに感謝いたします。本書が、みなさんが一歩を踏み出す一助になるのであれば、これ以上の喜びはありません。

両親が住む、真鶴の海が見えるマンションにて。
大野　大輔

読者特典申し込み方法

本書でご紹介している研修用資料やワークシートを、ダウンロードしてお使いいただけます。また、筆者からの情報発信の場として、メルマガ配信やFacebookグループへの参加方法もご案内いたします（内容についての詳細は本書202～203頁をご覧ください）。

下記へ空メールを送信し、自動返信で届く「読者特典申し込みフォーム」よりお申し込みください。

空メール送信アドレス

wsredesign-tokuten@kyouiku-kaihatu.co.jp

※教育開発研究所からの自動返信メールが届かない場合、メールアドレスが誤っていないか、迷惑メールフォルダにメールが入っていないかをご確認ください。上記を確認しても届かない場合は、他のメールアドレスでお試しいただくか、教育開発研究所ウェブサイトのお問い合わせフォームよりご連絡ください。

〈参考文献〉（五十音順）

●青山雄太『係活動にちょっとひと工夫　「プロジェクト活動」のススメ』明治図書出
●赤井利行『成功する校内研修の進め方』東洋館出版社
●赤坂真二、水流卓哉『シェアド・リーダーシップで学級経営改革』明治図書出版
●新井肇（編著）『「支える生徒指導」の始め方――「改訂・生徒指導提要」10の実践例』教育開発研究所
●安斎勇樹、塩瀬隆之『問いのデザイン　創造的対話のファシリテーション』学芸出版社
●池田貴将『タイムマネジメント大全――24時間すべてを自分のために使う』大和書房
●池田めぐみ、安斎勇樹、日本能率協会マネジメントセンター『チームレジリエンス　困難と不確実性に強いチームのつくり方』
●石井遼介『心理的安全性のつくりかた』日本能率協会マネジメントセンター
●石川淳『シェアド・リーダーシップ――チーム全員の影響力が職場を強くする』中央経済社
●岩本歩『個別最適な学びと協働的な学びのスタートアップ　学び合えるワークショップ型研修のつくり方』明治図書出版
●上部充敬『教師の生産性を劇的に上げる職員室リノベーション32のアイデア』明治図書出版
●上部充敬『チームで協働してリノベートする職員室の「働き方改革」』明治図書出版
●エイミー・C・エドモンドソン、AmyC.Edmondson／野津智子（訳）『チームが機能するとはどういうことか――「学習力」と「実行力」を高める実践アプローチ』英治出版
●エイミー・C・エドモンドソン／野津智子（訳）／村瀬俊朗（解説）『恐れのない組織――「心理的安全性」が学習・イノベーション・成長をもたらす』英治出版
●小川正人編集『学校の未来をつくる「働き方改革」――制度改正、メンタルヘルス対策、そして学校管理職の役割』教育開発研究所
●加藤敏行『「対話」で教職員の心理的安全性を高める――みんなが安心・成長できる学校のつくり方』教育開発研究所
●角野然生『経営の力と伴走支援　「対話と傾聴」が組織を変える』光文社
●樺沢紫苑『脳のパフォーマンスを最大まで引き出す神・時間術』大和書房
●上岡正明『自分のやりたいことを全部最速でかなえるメソッド　高速仕事術』アスコム
●喜名朝博『これからの学校を創る校長の10のマインドセットと７つの思考法』教育

開発研究所
●葛原順也、花岡隼佑『ごく普通の公立小学校が、校内研究の常識を変えてみた』明治図書出版
●工藤紀子『レジリエンスが身につく自己効力感の教科書』総合法令出版
●工藤勇一『学校の「当たり前」をやめた。——生徒も教師も変わる！公立名門中学校長の改革』時事通信社
●工藤勇一（編著）『自律と尊重を育む学校』時事通信社
●工藤勇一、青砥瑞人『最新の脳研究でわかった！自律する子の育て方』SBクリエイティブ
●熊平美香『ダイアローグ　価値を生み出す組織に変わる対話の技術』ディスカヴァー・トゥエンティワン
●熊平美香『リフレクション（REFLECTION）　自分とチームの成長を加速させる内省の技術』ディスカヴァー・トゥエンティワン
●小泉令三、西山久子、納富恵子、脇田哲郎『校内研究の新しいかたち——エビデンスにもとづいた教育課題解決のために』北大路書房
●五木田洋平『対話ドリブン』東洋館出版社
●斉藤徹『だから僕たちは、組織を変えていける——やる気に満ちた「やさしいチーム」のつくりかた』クロスメディア・パブリッシング
●サイモン・シネック／栗木さつき（訳）『WHYから始めよ！インスパイア型リーダーはここが違う』日本経済新聞出版
●酒井淳平、梨子田喬（編著）『高等学校探究が進む学校のつくり方探究学習を学校全体で支えるために』明治図書出版
●澤井陽介『入門　校内研究のつくり方——教師自らが共に学ぶ主体的・対話的で深い研究を実現する！』東洋館出版社
●澤田真由美『「幸せ先生」×「お疲れ先生」の習慣　唯々忙しいだけだった教師生活が劇的に充実する40の行動術』明治図書出版
●澤田真由美『自分たちで学校を変える！　教師のわくわくを生み出すプロジェクト型業務改善のススメ』教育開発研究所
●サン・テグジュペリ／管啓次郎（訳）『星の王子さま』KADOKAWA
●柴田昌治『なぜ、それでも会社は変われないのか　危機を突破する最強の「経営チーム」』日経BP
●ジャーヴィス・ブッシュ『実践　対話型組織開発生　成的変革のプロセス』ディスカヴァー・トゥエンティワン
●ジャルヴァース・R・ブッシュ、ロバート・J・マーシャク／中村和彦（訳）『対話型組織開発——その理論的系譜と実践』英治出版

●庄子寛之、江澤隆輔『教師のためのライフハック大全』明治図書出版
●庄子寛之、蓑手章吾、館野峻『before&afterでわかる！研究主任の仕事アップデート』明治図書出版
●情報文化研究所、山﨑紗紀子、宮代こずゑ、菊池由希子／高橋昌一郎（監修）『情報を正しく選択するための認知バイアス事典』フォレスト出版
●鈴木克明『研修設計マニュアル――人材育成のためのインストラクショナルデザイン』北大路書房
●鈴木敏昭『「認知バイアス」を正しく活用する方法　私たちは思い込みから逃れられない？』総合法令出版
●住田昌治『カラフルな学校づくり――ESD実践と校長マインド』学文社
●住田昌治『校長先生、幸せですか？』教育開発研究所
●妹尾昌俊、工藤祥子『先生を、死なせない。――教師の過労死を繰り返さないために、今、できること』教育開発研究所
●妹尾昌俊『校長先生、教頭先生、そのお悩み解決できます！』教育開発研究所
●孫泰蔵／あけたらしろめ（イラスト）『冒険の書　AI時代のアンラーニング』日経BP
●武田緑『読んで旅する、日本と世界の色とりどりの教育』教育開発研究所
●田村学『学習評価』東洋館出版社
●田村学『「ゴール→導入→展開」で考える「単元づくり・授業づくり」――「学習指導要領がめざす」子を育む！』小学館
●田村学『「深い学び」を実現するカリキュラム・マネジメント』文溪堂
●坪谷邦生『図解　組織開発入門　組織づくりの基礎をイチから学びたい人のための「理論と実践」100のツボ』ディスカヴァー・トゥエンティワン
●勅使川原真衣『職場で傷つく――リーダーのための「傷つき」から始める組織開発』大和書房
●永井翔吾『創造力を民主化する――たった１つのフレームワークと３つの思考法』中央経済社
●中島晴美『ウェルビーイングな学校をつくる――子どもが毎日行きたい、先生が働きたいと思える学校へ』教育開発研究所
●中原淳『研修開発入門――会社で「教える」、競争優位を「つくる」』ダイヤモンド社
●中原淳『人材開発・組織開発コンサルティング　人と組織の「課題解決」入門』ダイヤモンド社
●中原淳、島村公俊、鈴木英智佳、関根雅泰『研修開発入門　「研修転移」の理論と実践』ダイヤモンド社

●中原淳、関根雅泰、島村公俊、林博之『研修開発入門 「研修評価」の教科書 「数字」と「物語」で経営・現場を変える』ダイヤモンド社
●中原淳、田中聡『チームワーキング　ケースとデータで学ぶ「最強チーム」のつくり方』日本能率協会マネジメントセンター
●中原淳、中村和彦『組織開発の探究　理論に学び、実践に活かす』ダイヤモンド社
●中村和彦『入門　組織開発』光文社
●中村和彦、松尾陽子『マンガでやさしくわかる組織開発』日本能率協会マネジメントセンター
●中村浩二『ウェルビーイングを実現する「スクールリーダー」の仕事ルール』明治図書出版
●中村浩二『学校の働き方改革　What何をするかよりHowどう進めるかが９割』明治図書出版
●中村浩二『全職員が定時で帰る　スクールリーダーの職員室革命』明治図書出版
●中村文子、ボブ・パイク『研修デザインハンドブック』日本能率協会マネジメントセンター
●中村文子、ボブ・パイク『研修ファシリテーションハンドブック』日本能率協会マネジメントセンター
●名古屋市教育委員会、中谷素之、松山清美（編著)『学校は誰のもの？――子ども主役の学校へ、いま名古屋から』東洋館出版社
●西剛志『あなたの世界をガラリと変える　認知バイアスの教科書』SBクリエイティブ
●野口晃菜、喜多一馬（編著）『差別のない社会をつくるインクルーシブ教育　誰のことばにも同じだけ価値がある』学事出版
●野口晃菜、前川圭一郎、藤本恵美（編著）『学校全体で挑む「誰ひとり」取り残されない学校づくり　すべての子供のウェルビーイングを目指す』明治図書出版
●野中郁次郎、竹内弘高／梅本勝博（訳）『知識創造企業（新装版)』東洋経済新報社
●早瀬信、高橋妙子、瀬山暁夫／中村和彦（監修・解説)『いちばんやさしい「組織開発」のはじめ方』ダイヤモンド社
●原田将嗣／石井遼介（監修)『最高のチームはみんな使っている　心理的安全性をつくる言葉55』飛鳥新社
●ピーター・M・センゲ／枝廣淳子、小田理一郎、中小路佳代子（訳)『学習する組織――システム思考で未来を創造する』英治出版
●広江朋紀『場をつくる　チーム力を上げるリーダーの新しいカタチ』明日香出版社
●深見太一『アンラーンUnlearnのすすめ』東洋館出版社
●藤原さと『協働する探究のデザイン――社会をよくする学びをつくる』平凡社
●古舘良純『研究主任のマインドセット』明治図書出版

●細田高広『コンセプトの教科書　あたらしい価値のつくりかた』ダイヤモンド社
●細谷功『「具体⇄抽象」トレーニング　思考力が飛躍的にアップする29問』PHP研究所
●細谷功『Why型思考トレーニング　自分で考える力が飛躍的にアップする37問』PHP研究所
●前田康裕『まんがで知る教師の学び　これからの学校教育を担うために
●松村英治『研究主任　仕事スキル大全』明治図書出版
●松村英治『仲間と見合い磨き合う授業研究の創り方――「働き方改革」時代のレッスンスタディ』東洋館出版社
●丸岡慎弥『研究主任　365日の仕事大全』明治図書出版
●三澤直加『正解がない時代のビジョンのつくり方 「自分たちらしさ」から始めるチームビルディング』翔泳社
●村上聡恵、岩瀬直樹『「校内研究・研修」で職員室が変わった！――２年間で学び続ける組織に変わった小金井三小の軌跡』学事出版
●村川雅弘『ワークショップ型教員研修　はじめの一歩――わかる！使える！理論・技法・課題・子ども・ツール・プラン77』教育開発研究所
●村川雅弘（編著）『「ワークショップ型校内研修」で学校が変わる　学校を変える』教育開発研究所
●望月安迪『目的ドリブンの思考法』ディスカヴァー・トゥエンティワン
●森万喜子『「子どもが主語」の学校へようこそ！』教育開発研究所
●柳川範之、為末大『Unlearn（アンラーン）　人生100年時代の新しい「学び」』日経BP
●山方健士、湊宣明『リ・デザイン思考法　宇宙開発から生まれた発想ツール』実務教育出版
●山崎晴太郎『余白思考　アートとデザインのプロがビジネスで大事にしている「ロジカル」を超える技術』日経BP
●山本崇雄『子どもの「やりたい！」を自律した学びにつなげる「学びのミライ地図」の描き方』学陽書房
●李英俊、堀田創『チームが自然に生まれ変わる 「らしさ」を極めるリーダーシップ』ダイヤモンド社
●ロレン・ノードグレン、デイヴィッド・ションタル／船木謙一（監訳）／川﨑千歳（訳）『「変化を嫌う人」を動かす――魅力的な提案が受け入れられない４つの理由』草思社
●「THE 教師力」編集委員会／石川晋（編著）『THE 校内研修（「THE 教師力」シリーズ）』明治図書出版

［著者紹介］

大野 大輔（おおの だいすけ）
組織開発コンサルタント／研修デザイナー

「今日が楽しく、明日が待たれる学校」であふれる社会をつくるために活動中。1991年生まれ。東京の公立小学校に10年間勤務。2023年度より㈱先生の幸せ研究所に転職。全国の学校園で改革の研修を中心とした伴走型支援に尽力。企業の教育アドバイザーや組織開発コンサルタントも兼務。鎌倉市教育アドバイザー。立命館宇治中学校・高等学校 DX ハイスクール運営指導委員。東京都板橋区立板橋第十小学校 CS 委員。（メンタルヘルス不調の予防を目指す）株式会社 BANSO-CO による人材開発研修のスーパーバイザー。Podcast「ほぼ教育最前線 あなたにかわって、私が聞きます。」パーソナリティ。

研修リデザイン

2025年2月21日　第1刷発行

著　者	大野 大輔
発行者	福山 孝弘
発行所	株式会社 教育開発研究所 〒113-0033　東京都文京区本郷2-15-13 TEL 03-3815-7041／FAX 03-3816-2488 https://www.kyouiku-kaihatu.co.jp
装幀デザイン	竹内 雄二
デザイン＆ＤＴＰ	しとふデザイン（shi to fu design）
出版コンサルタント	谷本 明夢
印刷所	中央精版印刷株式会社
編集担当	岡本 淳之・桜田 雅美

ISBN 978-4-86560- 602-7
落丁・乱丁本はお取り替えいたします。定価はカバーに表示してあります。